망하는 일은 없다

망하는 일은 없다

대형교회 부목사에서
개척교회 일하는 목사로

전인철 지음

꿈꾸는인생

프롤로그   **하루도 잊은 적이 없다**

아내에게 개척 계획서를 들이밀 때, 무언가 비장의 카드가 필요했다. 부정적인 대답을 뒤엎을 만한 매력적인 카드 말이다. 그래서 생계에 대한 대책을 이야기하기로 했다. 파트타임으로 할 수 있는 일을 찾아 야간에도 조금씩 일을 하면, 부목사 때 사례는 벌 수 있을 것 같았다. 그래서 당당하게 선포했다.

"여보! 내가 못해도 한 달에 200은 벌어 올게!"

두 번 정도 힘줘서 이야기했지만 아내는 별 반응이 없었다. 당연히 그래야 한다는 심정이었는지, 200이 적은 액수라 여긴 건지 알 길이 없다. 괜한 이야기를 해서 아내에게 카드 한 장을 빼앗긴 기분이었다. 어쨌든 나는 교회를 개척한 시점부터 목사와 더불어 하나의 직업을 더 갖게 되었다.

2018년부터 지금까지 나는 개척교회 목사이자 주식회사에 소속된 회사원이다. 교회를 개척하고, 몇 차례 신문과 잡지 인터뷰에 응한 적이 있다. 첫 번째 질문은 늘 개척의 이유와 관련된 것이었다. 개척이라는 승부수를 둔 배경에는 무언가 비장한 사건이 있었을 것이라는 기대가 서려 있었다. 그 기대에 조금이나마 부응하기 위해 노력해 봤지만, 번번이 실패했다. 내게는 구성진 서사가 없다. 오히려 내 목회 여정은 잔잔하고 평온했다. 아니 어떤 때는 남들이 부러워할 만한 기회도 누렸다. 그러나 마음 근저에는 늘 불안함이 있었다. 말로 설명하기 어려운 불안함. 이것을 해결하지 않고는 목회를 완주할 자신이 없었다. 그래서 불안을 직면하는 길을 택했다. 그것이 개척이었다.

'이중직, 자비량, 일하는' 목회자. 나는 이 표현들이 가지는 함의에도 별 관심이 없었다. 의미를 부여한 건 오히려 주변 사람들이었다. 목회자이긴 한데 주중에 다른 일도 겸하고 있다는 것에 누군가는 가산점을 주었고, 또 다른 누군가는 크게 질책을 했다. 솔직히 나는, 나를 어떻게 정의할지에 대해 고민한 적이 별로 없다. 또 남이 나를 무엇이라 부르든 크게 개의

치 않았다. 다만, 대단하다고 칭찬하는 사람들에게는 그러지 말라 하고 싶었고, 질책을 하는 사람들은 그저 피하고 싶었다.

분명한 것은 내가 이런 형태의 삶을 사는 것이 성경의 어떤 원칙 때문은 아니라는 것이다. 성경은 바울이 여러 지역을 다니며 교회를 세울 때, 그가 일을 했다고 말한다.* 선교를 위한 후원을 받을 수 있었음에도 그러지 않았다는 내용도 있다.** 일자리를 구하면서 나는 바울을 전혀 염두에 두지 않았다. 만약 교회가 내게 교회 업무에 집중하기를 바라며 생계를

---

* 형제들아 우리의 수고와 애쓴 것을 너희가 기억하리니 너희 아무에게도 폐를 끼치지 아니하려고 밤낮으로 일하면서 너희에게 하나님의 복음을 전하였노라(살전 2:9, 개역개정)

** 이와 같이 주님께서도, 복음을 전하는 사람들에게는 복음을 전하는 일로 살아가라고 지시하셨습니다. 그러나 나는 이런 권리를 조금도 행사하지 아니하였습니다(고전 9:14, 15a, 새번역).

온전히 책임지겠다고 제안해 온다면, 나는 주중에 하는 일을 그만둘 수도 있다(고민은 할 것이다. 회사 일이 교회 사역에 시너지를 주고 있다고 생각하기 때문이다). 나에게 이 부분은 '가치'를 논할 주제가 되지 못한다. 그래서 나를 이중직 목회자, 자비량 목회자, 일하는 목회자 등 어떻게 불러도 크게 상관이 없다.

주중에 일을 하기로 결심한 것은 순전히 생계 때문이다. 개척을 하게 되면, 그 공동체가 나와 가정의 생계를 책임지지 못할 것이 분명했다. 대다수가 일자리 구하는 것에 반대하며 차라리 후원받을 곳을 알아보라고 조언했지만, 후원금의 유동성은 여러모로 불안했다. 변칙적인 후원금에 마음이 휘둘릴 것 같았다. 결국 일자리를 찾기로 했다. 믿음이 부족하다는 말은 달게 받을 수 있다. 나는 아내와 아들을 생각의 카테고리에서 지울 수 없었다. 아니, 그들은 내가 가장 깊이 생각해야 하는 공동체원이었다. 나는 가정의 생계를 책임지는 것이 하나님 앞에 떳떳한 삶이라 믿었다. 많은 이들의 우려대로, 또 하나의 직업으로 인해 목회에 집중하지 못하는 일이 발생할 수도 있다. 그렇지만 가정을 잘 돌보는 것 또한 목회의 일부분이라 생각했다. 나에게 가정은 더 멀리 가기 위해 챙겨야 할 첫 번째 것이었다.

은평구에서의 부목사 사역이 거의 마무리되던 날, 담임목사님이 나에게 이런 말씀을 하셨다.

"전 목사님, 목회가 취미가 되어서는 안 됩니다."

그 말씀을 하루도 잊은 적이 없다. '목회도 회사 일도 하나님 앞에서 신실하게. 어느 것 하나 가볍게 해서는 안 된다.' 매일 속으로 되뇌었다.

개척을 한 이후로 밤 12시 이전에 잠자리에 든 적이 거의 없다. 퇴근하고 집에 와서 가족과 시간을 보내고 나면, 나는 교회 업무로 야근에 돌입한다. 책을 보고, 행정 업무를 챙기고, 헌금을 정리하고, 성도들을 위해 기도한다. 피곤하여 쉬고 싶은 날에는 그때 그 말씀이 나를 깨운다. "전 목사님, 목회가 취미가 되어서는 안 됩니다."

두 가지 직업을 가지고 살아가는 것이 녹록지 않다. 성실하지 않으면 둘 다에 피해를 입힌다. 그래서 신실하려고 부단히 노력하는 중이다. 하나님과 교회 앞에, 그리고 나의 가정 앞에 최선을 다하고 싶다. 이것이 하나님이 나에게 허락하신 사명이라 믿고 있다.

차례

프롤로그　　하루도 잊은 적이 없다　　　　　　　　　　　　　　4

1부
교회 개척을 준비하다

또 하나의 십자가　　　　　　　　　　　　　　　　　17
울타리를 만드는 목회, 상식적인 교회　　　　　　　22
'원래 그렇다'는 말　　　　　　　　　　　　　　　28
필요와 책임　　　　　　　　　　　　　　　　　　32
교회 철학 세 가지　　　　　　　　　　　　　　　39
집에서 시작하는 교회　　　　　　　　　　　　　　46
초대합니다　　　　　　　　　　　　　　　　　　49

2부
그저교회입니다

첫 예배	55
교회 이름이 뭔가요	61
새로운 예배 장소를 찾아서 Ⅰ	65
자모실을 없애도 괜찮을까?	71
"아이들은 아빠, 엄마가 가르치세요"	75
"그럼 국수는 누가 삶나요?"	80
"제가 성교육은 못 하겠습니다"	86
수요 온라인 기도모임	92
목사도 심방받고 싶다	97
"저는 150만원으로 못 삽니다"	102
만약 장례가 난다면	108
그냥 규모가 작은 교회입니다	113
공개적인 교회 일기	118

십일조를 말하다	123
새로운 예배 장소를 찾아서 II	128
노회 등록은 너무 어려워	133
교회 통장 만들기	141
말씀 살기	146
대림절, 예수님 따라 살기	151
정기회의 합시다	154
한가한 토요일	159
루틴 세우기	164
"목사님, 부흥할 겁니다!"	171
개척교회 장단점	176
목회 비전은 없다	184

3부
평일에는 출근합니다

내가 이렇게 무능한 존재라니	191
주식회사 히즈쇼 직원입니다	195
감히 목사 앞에서 욕을?	201
인형 탈은 창피하지 않았다	206
교회가 직장이 아닌 사람들	212
누구 탓인가에서 누구의 몫인가로	217
이중직을 추천하지 않습니다만	223
내가 누구인지	229

에필로그	망하는 일은 있을 수 없다	234

1부

교회 개척을 결심하다

어느 날 아주 오래된 질문이 나를 찾아왔다.
'이것이 내가 원하던 목회인가?'
그 질문은 나를 막다른 골목에 몰아넣고
끈질기게 답을 요구했다.

또 하나의 십자가

2017년과 2018년에 은평구에서 부목사 사역을 했다. 부목사가 담임목사에게 자신의 생각을 스스럼없이 말할 수 있는 교회가 얼마나 될까? 당시 담임목사님은, 식사를 하거나 커피를 마실 때, 혹은 차로 이동할 때도 정돈되지 않은 내 질문을 늘 경청해 주셨다. 그뿐만 아니라 까마득히 어린 부목사의 우문에도 미소를 지으며 현답을 들려주셨다. 덕분에 내 안에 마치 미제 사건처럼 남아 있던 물음들이 하나씩 해결되었다.

그리고 2018년 여름, 오랜 고민에서 비롯된 하나의 생각을 목사님께 말씀드렸고, 그것이 부목사 신분으로 드린 마지막 질문이 되었다.

"목사님, 오후 예배 시간은 교인들에게 꽤나 피곤한 시간입니다. 설교할 때 보면 졸고 있는 분들이 태반입니다. 무엇보다 삼사십 대는 참석조차 하질 않습니다. 가족과 시간을 보내는 게 더 중요하다고 여기는 것 같습니다. 저는 오전에 드리는 예배로 충분하다고 생각합니다. 오후 예배가 꼭 있어야 할까요? 아니면 다른 프로그램을 도입해 보면 어떨까요?"

젊은 그리스도인들의 신앙생활을 고민하다 용기 내어 꺼낸 말이었다. 실제로 매주일, 교회에서 점심을 먹은 후 주차장으로 향하는 30, 40대 성도들은 늘 고개를 숙이며 내게 죄송하다고 말했다. 예배당 앞에서 오후 예배 안내를 하던 나는 복잡한 감정에 사로잡힐 때가 많았다. 그리고 스스로에게 물었다. '목사가 아니었다면, 나는 매주 어떤 선택을 했을까?' 담임목사님께 드린 제안은 사실 내 마음속 바람을 표현한 것이었다.

잠시 생각하시던 목사님이 피식 웃으며 답하셨다.

"전 목사님, 우리 교회는 대다수가 60대 이상입니다. 그분들에게는 수십 년간 지켜 온 오후 예배가 그들의 신앙의 자리입니다. 졸더라도 그 자리가 하나님을 만나는 자리예요."

그리고 이어서 하신 말씀이 내 가슴에 불을 지폈다.

"나중에 30, 40대를 위한 교회를 고민해 보시는 것도 좋을 것 같습니다."

나는 그날 그 자리에서 개척을 결정했다. 교회 어르신들은 젊은이들의 신앙을 걱정하고, 젊은이들은 이전 세대의 신앙생활을 불편해하는 상황에서 뭐라도 해 보고 싶었다.

신학대학원에 입학할 때쯤, 포털과 커뮤니티에 기독교를 비판하는 글들이 확산되었다. 외부의 비판뿐 아니라 '기독교인으로서 부끄럽다', '교회에 다니지만 이건 아니다'와 같은, 내부자의 시선을 담은 글도 적지 않았다. 특히 청년 세대의 회의적인 목소리가 온라인에서 두드러졌던 것으로 기억한다. 각종 비리, 돈이나 성(性) 문제, 일방향의 의사소통 구조, 전근대적 사고방식, '전통'이란 이름으로 의미 없이 이어 가고 있는 규칙 등 교회의 어둡고 경직된 모습이 그 이유였다.

목사가 될 사람으로서 나는 늘 방어하는 자세를 취했다. 그러나 나 역시 젊은 그리스도인이었다. 그들의 말에 동의하지 않을 수 없었다. 날 선 말 속에 숨겨진 그들의 본심, 즉 교회를 향한 사랑을 나는 느낄 수 있었다. 그래서 아쉽고 답답했다. 그들에게 말하고 싶었다. "온라인에서 비판하는 것에 그치지 말고 교회 안으로 더 깊이 들어오십시오. 직접 목소리를 내며 우리가 바라는 교회를 함께 만들어 가 봅시다." 내 신앙생활, 내 실존의 문제였기에 더욱더 그랬다. '교회(개척) 고민'은 사실 여기서부터 시작되었다.

실제로 아내의 증언에 따르면, 나는 신학대학원에 다닐 때부터 교회 개척을 이야기했다고 한다.

"만약에 내가 교회를 개척한다면, 교역자실 문을 없앨 거야. 아이들이 언제든 편하게 드나들 수 있는 공간이면 좋겠어. 그리고 새벽기도는 못 할 것 같아. 대신에 다른 시간에 기도모임을 만들면 어떨까? 요즘 사람들 새벽에 잘 못 일어나잖아, 그지?"

MBTI 검사에서 N 성향이 높게 나타나는 사람들이 대개 그렇듯 나는 상상력이 뛰어나다. 문제는 머릿속에 떠오르는 생각들을 쉽게 정리하지 못한다는 것이다. 그래서 누군가와 나누며 생각을 정리해야 했는데, 그 상대는 자연히 나와 가장 가까운 사람, 아내인 경우가 많았다. 아내는 나와 달리 S 성향이 높다. 돌다리도 두세 번 두들기고 건너는 사람이다. 지극히 현실을 사는 아내는 결혼 전부터 나의 꽤나 구체적인 개척 이야기를 들으며 덜덜 떨어야 했다. '교회 개척'이라는 잔잔바리 펀치를 날릴 때마다 아내의 반응은 한결같았다. "한국에 교회가 이렇게 많은데 또 하나의 십자가를 세울 필요는 없다고 생각해." 그런데 나는 결국, 또 하나의 십자가를 세우기로 결심하고 말았다.

결심 후 한 달이 못 되어 담임목사님을 찾아갔다. 연말에 교회를 사임하고 개척을 하겠다고 말씀드렸다. 목사님은 한두 해 더 있다가 하는 것이 좋겠다고 하셨지만, 나는 미룰 수 없었다. 이미 마음이 그쪽으로 완전히 넘어가 버린 탓이었다. 그때도 그렇고 지금도 그렇고, 그 마음은 하나님이 주신 것이라 생각한다.

울타리를 만드는 목회, 상식적인 교회

목사가 되겠다고 결심한 건 고등학생 때다. 고2, 아버지처럼 직장인이 되고 싶어서 공대에 진학하기로 결심했고, 이과 반으로 배정을 받았다. 당시 나는 직업을 한번 정하면 평생 그 길을 가야 하는 줄 알았다. 찜찜한 마음을 떨칠 수가 없어서 기도를 할 때마다 하나님께 물었다. '하나님 지금 참 중요한 순간인데요, 제가 공대에 가서 그 분야의 직업을 갖게 되면 만족하며 살까요? 후회하거나 그러진 않을까요?' 그렇게 6개월을 기도한 끝에 문과로 전과를 했다. 목회자가 되겠다고 선언한 것이다.

일반 대학교에 진학한 이후 목사가 되겠다는 결심이 흔들리기도 했고 내 안의 갈등과 싸우기도 했지만, 그 시간들은 하나님이 어떤 분인지를 알아 가는 과정이었다. 또한 복음 전하는 삶을 살고 싶다는 바람을 확인시키는 기회였다. 평생 이 일을 한다는 데 전혀 아쉬움이 없었다.

신학대학원에서 3년을 보내며, 내가 정말로 원하고 바라는 것이 무엇인지 구체적으로 알게 되었다. 성경을 바르게 해석하고 말씀을 효과적으로 전하는 일, 예배를 온전하게 집례하는 일, 기독교 역사를 분석하여 현 시대에 맞는 기독교 문화를 제안하는 일, 그리고 선교와 전도에 힘쓰는 일이었다. 이 일들은 한곳으로 모아졌는데, 다름 아닌 '교회'였다. 내 궁극적 관심은 교회에 있었다. 좀 더 정확히 이야기하면, 함께 교회 되어 하나님 나라를 걸어가는 이들에게 있었다. 그들과 더불어 행복하고 싶었다. 내 신학 공부는 결국 그 일을 위한 것이었다.

다행히 내가 가려는 길을 먼저 걸어간 선배 목사님들이 있었다. 전도사와 부목사 직무를 성실하게 수행하면서 10여 년은 족히 배울 수 있을 거라고 생각했다. 기대가 되었고, 잘 배우고 싶었다. 그런 마음으로 사역을 시작했다.

    5년 정도 지났을 때, 한국교회는 크게 요동쳤다. 기독교 인구가 매년 수만 명씩 줄었던 것이다. 교인 감소가 감지되던 초창기에는 많은 이들이 그 원인을 교회 밖에서 찾았다. 늦은 결혼, 출산율 감소, 주말 문화 변화 등이 거론되었다. 나 역시 그에 동의했다. 언젠가 해결될 일이라는 듯, 교인 감소라는 그 소리 없는 외침에 귀를 막고 눈을 감았다. 교인들을 실망시키고, 저항의 목소리를 일으킨 교회 안의 비합리적이고 비상식적인 문제들에는 관심을 두지 않았다. 불과 몇 년 전에 인터넷상에 퍼진 비판을 보며 '교회를 함께 만들어 가자'고 외치고 싶었던 나는 변해 있었다. 그사이, 내 또래 젊은 신자들이 조용히 교회를 떠났다. 그리고 한국의 대표적인 3대 종교 중 기독교의 신뢰도가 가장 낮다는 평가가 매년 보고되기에 이르렀다. 다소 억울한 면도 없지 않아 있었지만, 분명한 건 세상 속에서 교회는 더 이상 인정받는 공동체가 아니라는 사실이었다.

    그렇게 또 몇 년이 흐르고 어느 날 정신을 차려 보니 인생의 목표를 잃어버릴 위기에 처해 있었다. 객관적인 지표는 내게 자꾸 질문을 던졌다. 지금 이 속도로 기독교 인구가 줄어든다면 10년 후 나에게 목회지가 있을까? 선배 목사들에게 좋은 것을 배운들 목회지가 없다면 그게 무슨 의미인가? 내부의 문제는 고스란히 안은 채, 운 좋게 어느 교회에서 담임목사로 사역하게 된다 한들 과연 행복할까? 다른 부목사보다 학벌이 좋고, 설교를 잘하고, 인맥이 좋아서 다행이라고 생각하지는 않을까? 그 같은 마음을 품고서 교인들과 하나님 나라를 꿈꿀 수 있을까?

갈 곳 없는 목회자가 될 수도 있다는 위기감에 더하여 죄책감이 들었다. 교회를 향한 저항과 불만의 소리에 아무것도 하지 않았던 것이 후회가 되었다. 정신이 차려졌다. 결단을 내려야 했다. 아무것도 가진 것 없는 지금 칼을 뽑지 않는다면, 차후 책임져야 할 것이 늘어났을 때는 정말 아무것도 하지 않을 것이 분명했다.

목사를 꿈꾸던 시절, 나는 울타리를 만드는 목회를 하고 싶었다. 함께하는 이들이 안식을 누리고, 그들의 필요가 공급되며, 때로는 공동의 책임이 요청되는 그런 울타리. 목사가 되어 이루고 싶은 일은 그것이었다. 내 궁극적 관심이 교회였음을 다시 확인하고 나니 더 이상 시간에 운명을 맡길 수 없었다. 뾰족한 대안이 없다면 실패하더라도 이것저것 시도해 보아야 하지 않겠나. 기존 교회에서 변화의 씨앗을 심을 수도 있었지만 나는 위험 부담이 큰 만큼 빠르게 결과를 볼 수 있는 '개척'을 택했다. 자신감이 있어서가 아니었다. 한 가지에서만큼은 욕심이 있었기 때문이다.

'교회는 비상식적이다'라는 세상의 조롱에 적극적으로 반응하고 싶었다. 그것이 교회를 떠나는 이들의 손을 잡을 수 있는 유일한 길이라고 믿었다. 교회의 가치가 아닌 운영과 구조에 실망한 이들이 변화된 공동체를 경험한다면, 다시 교회로 돌아올 것이라고 생각했다. 세상의 조롱에 왜 교회가 반응해야 하냐고 물을 수도 있다. 그러나 역사 속 한국교회는 늘 세상 기준을 상회했다. '하나님 사랑과 이웃 사랑'이라는 미련한 기준으로 세상을 만났다. 그 기준에서 학교와 병원이 세워졌고, 독립 운동가들이 탄생했다. 세상은 교회를 존경했고, 교회는 세상의 대안이 되었다. 나는 교회가 그 자리를 되찾기를 바랐다. 아니, 적어도 세상 조롱에 스스로를 돌아보는 교회가 되기를 바랐다.

특별한 사명에 불타올랐다고 받아들인다면 조금 곤란하다. 비장함도 아니다. 그냥 처음부터 시작해 보려는 마음이었다. 구체적인 방법은 몰라도 일단 부딪혀 보기로 했다. 사랑과 정의의 기준에 따라 유연하게 움직이다 보면, 울타리를 만드는 목회, 상식적인 교회가 가능하지 않을까.

'원래 그렇다'는 말

태생적으로 대놓고 들이받는 성격이 못 된다. 그래서 주변 사람들과 크게 틀어진 적은 거의 없다. 하지만 수긍할 수 없는 흐름에 물 흐르듯 가만 흘러가는 성격도 아니다. 수용과 거부, 그 중간 어디쯤 나만의 집요한 고집으로 저항하는 방법을 만들어 왔다. 개척도 그중에 하나다.

신학교를 졸업하고 10여 년간 기성교회 시스템에 잘 적응했다. 담임 목회자의 강력한 카리스마로 부흥하던 대형교회에도 있었고, 지역 사회와 유기적으로 연대하던 선교적 교회에도 있었다. 기존 시스템 안에서 대체로 잘 지냈다. 다만, 교회라는 큰 '문화' 안에 거스르고 싶은 한 가지가 있었는데, 바로 '교회는 원래 그런 거다'란 인식이다. 나는 '원래 그렇다'라는 용어에 알레르기 반응을 보이는 사람이다. "원래 목회자는 교인과 사적인 친분이 쌓이지 않아야 권위가 섭니다", "원래 교회 안에서는 '집사님' '권사님' '장로님' 등 직분으로 불러야 합니다", "원래 헌금은 현금으로 드려야 합니다" …. 교회 안에는 '원래 그런 것'이 정말 많았다. 이런 말들을 들을 때면 생각에 잠겼다. 또 다른, 어쩌면 더 나은 것을 구할 수는 없는 걸까.

전통을 부정한다는 것이 아니다. 전통은 소중하고 귀하다. 교회 개척을 준비하며 알게 된 것 중 하나가 교회에 꼭 필요한 것은 이미 존재한다는 것이었다. 즉, 현재 교회 안에 있는 것들은 공동체의 필요에 대한 응답으로써 오랜 시간 시행착오를 거쳐 자리를 잡게 된 것이다. 그러니 무시하거나 소홀히 할 수 있는 것은 없다. 문제는 그 '전통'이라는 것이, 시간이 지나면 본래의 의미는 상실한 채 습관적으로 행하는 것이 되어 버린다는 데 있다. 관성적으로 반응할 뿐이다. '더 나은 방법은 없을까?', '이대로가 최선일까?' 그렇게 묻는 신앙이 우리에게 더 유익하다고 나는 믿었다.

묻고 찾고 두드리는 작업 없이 '원래 그렇다'에 갇혀 있으면, 전통은 한 세대가 못 가서 그 빛깔을 잃을 수 있다. 피곤하고 번거롭더라도 파고 또 파헤쳐야 한다. 나는 아무 고민 없이 기존의 것들을 따르고 싶지 않았다. '원래 그렇다'는 인식에서 벗어나고 싶었다. 그런데 이 작업을 과연 누구와 할 수 있을까? 누가 기꺼이 이 작업에 동참할까?

변화해야 한다는 말에 가장 절실히 반응하는 이들은 30, 40대일 것이다. 이들은 과거 60, 70대가 이룬 교회 부흥기의 혜택을 받고 자란 세대다. 또한 현대 사회 속에서 교회와 사회 간의 갈등을 온몸으로 느끼고 있는 세대이기도 하다. 따라서 변화의 필요성을 누구보다 잘 알고 있다. 그런데 변화란, 필요의 인식만으로 이루어지지 않는다. 반드시 책임이 뒤따라야 한다. 시간과 에너지를 들여 도전하고, 수고하는 것이다. 즉, 적극적으로 공동의회와 제직회에 참석해서 의견을 개진하고, 직분을 맡아 식당과 주차 봉사를 하며, 기성세대와 청년들 사이에서 설득과 공감의 역할도 감당해야 한다. 때로는 실패를 겪을 수도 있다. 결국 꽤 피곤하게 살아야 한다는 말이다.

나는 최대한 피곤하게 신앙생활을 해 보고 싶었다. "원래 그런 것은 없습니다. 다 이유가 있어서 시작되었습니다. 그러니 오늘날 그 이유가 타당한지 함께 고민해 봅시다. 그리고 더 좋은 것이 있다면, 우리 신앙생활에 변화를 줍시다." 함께 예배하는 이들을 도전하고 싶었다. 이렇게 신앙생활을 한다면 재밌을 것 같았다. 그리고 무엇보다 다음세대에게 물려줄 무언가가 생길 것 같았다.

필요와 책임

머릿속에 차곡차곡 쌓인 생각들은 어느새 임계점에 닿았고, 개척 계획서를 아내에게 제출하는 날이 찾아왔다. 2008년에 신학대학원에 입학했으니 햇수로 딱 10년이 걸렸다. 평소대로라면 일언지하에 거절했을 아내가 개척 계획서를 잠잠히 읽더니 담담하게 말했다. "당신, 결국 이럴 줄 알았어." 그리고 한마디를 덧붙였다. "그런데 이런 교회라면 한번 해 봐도 좋을 것 같아." 지금 생각해도 매우 의외의 일이었다.

목회자들 사이에는 암묵적으로 공유되는 공식 같은 것이 있다. '부담 없이, 어느 교회에든, 부목사를 지원할 수 있는 나이=마흔'. 개척할 당시 나는 서른여덟 살이었다. 그러니까 내겐 2년의 여유가 있었다. 이게 무슨 이야기냐면, 개척에 실패할 경우 다시 부목사로 돌아갈 생각을 했다는 것이다. 누군가가 '속되다'(혹은 비겁하다)고 말한다면 할 말은 없다. 그러나 퇴로를 완전히 차단할 수는 없었다. 2년간 최선을 다 하고, 이후에 중간평가를 하자고 마음먹었다.

아내에게 물었다. "여보, 함께하는 사람이 한 명도 없다면 언제까지 내 설교를 들어 줄 수 있겠어?" 아내는 '2년 정도'라고 답했다. 아, 이 얼마나 기막힌 우연의 일치인가! 마치 하나님께 인준받은 시간처럼 2년을 가슴에 새겼다.

그동안 생각해 온 것들, 개척 계획서에 간략하게 적은 것들을 구체적으로 작성해 보기 시작했다. 개척을 준비하고 있다면 글로 적으며 스스로에게 다시 물어보는 방법을 추천한다. 느슨하게 시작해도 좋다. 예를 들면 이런 식이다.

- 예배 시간: 정기적인 예배 횟수, 예배 요일과 시간, 총 예배 시간. 각 예배의 의미 및 정한 요일과 시간의 이유
- 예배 장소: 위치와 규모, 장소를 사용하는 형식(매매/임대/또 다른 형태). 그에 따른 재정 마련 방법과 그 재정에 대

한 기회비용

- 예배 방식: 예배학에 기초하여 구성원의 나이와 신앙 수준에 따른 다양한 형태
- 주일학교: (장기적으로) 연령대 구분 여부 및 예배 시간과 장소. 교육 방법 및 교재, 누가 가르칠지, 장년과의 조화는 어떻게 이룰 수 있을지
- 신앙 교육: 성경 번역본부터 시작하여 실제적이고 실현 가능한 방법들
- 정기회의: 당회와 제직회를 구성할 수 없는 상황에서 모든 성도의 의견이 합리적으로 모아질 수 있는 방법
- 그 외:

글로 정리해 보니 개척을 통해 하고 싶은 일이 무엇인지 명확해지는 기분이었다. 그리고 보다 근원적인 물음에 닿았다. '주일 오후 예배를 드리는 것은 오전 예배 한 번으로 부족해서인가? 아이들의 신앙교육을 담당하기에 교역자와 부모 중 누가 더 적합한가? 예배 장소는 꼭 임대를 해야 하나? 가뜩이나 부동산 문제가 심각한 오늘날, 주말에 사용하지 않는 공간을 재임대하면 어떤 장단점이 있을까?' (공간 재임대는

석사 논문으로 공부한 주제라 더 진지하게 고민했다.) 교회에 '당연히' 있어야 한다고 여겨지는 것들, 곧 관성처럼 따라오는 것들에 소위 태클을 걸기 시작했다. 그리고 그 태클에 차인 돌들이 교회의 주춧돌이 되었다. 거기에서 도전해 볼 만한 과제가 떠올랐던 것이다.

6개월 정도 묻고 답하기를 이어 갔고, 결국 나만의 도식/기준이 생겼다. 나는 이것을 성경에 나오는 거룩한 단어, 이왕이면 히브리어나 헬라어를 사용해서 멋들어지게 표현하고 싶었다. 하지만 아쉽게도 지극히 평범한 두 단어의 조합이 탄생했다. 필요와 책임. 내가 꿈꾸는 교회는 '필요와 책임'의 공동체였다. 결국 교회에서 내가 해야 할 일은 신앙 공동체가 스스로의 '필요'를 좇아가고, 그 필요를 다같이 '책임'지도록 이끄는 것이었다. 생각해 보니 사도행전 2장 44~47절에 나오는 신자들이 그랬다.

믿는 사람은 모두 함께 지내며, 모든 것을 공동으로 소유하였다. 그들은 재산과 소유물을 팔아서, 모든 사람에게 필요한 대로 나누어주었다. 그리고 날마다 한마음으로 성전에 열심히 모이고, 집집이 돌아가면서 빵을 떼며, 순전

한 마음으로 기쁘게 음식을 먹고, 하나님을 찬양하였다. 그래서 그들은 모든 사람에게서 호감을 샀다. 주님께서는 구원 받는 사람을 날마다 더하여 주셨다. (새번역)

서로의 필요를 좇아 함께 책임지는 것은 성경에 나타난 처음 교회의 주요한 모습이었다. 그들은 한마음으로 성전에 모여 하나님을 찬양했다. 인간의 근원적 목마름은 하나님 안에서만 채워질 수 있기 때문이다. 그러나 거기서 멈추지 않았다. 다른 이들의 삶과 신앙의 필요까지 함께 책임지려고 했다. 이것이 교회였다.

오늘날 30, 40대는 바쁘다. 사실 바쁘다기보다 분주하다는 표현이 맞겠다. 내 집을 마련해야 하고, 괜찮은 차를 끌어야 하고, 자녀들을 조기에 교육시켜야 한다. 불안정한 경제 상황으로 인해 다양한 돈벌이를 고민하는 동시에 스스로를 개발하는 일도 놓칠 수 없다. 백세 시대에 평생직장 개념도 사라졌기 때문이다. 주 5일제 세상에 살고 있지만 주 7일도 버거운 현실이랄까. 그러다 보니 신앙 공동체 안에서 '필요'를 찾는 일은 이들에게 사치가 되어 버렸다. 누군가 찾아주는 필요를 나의 필요로 퉁치기도 버거운데, 말씀에서 길어 온 필요를 내 삶에 붓는 일이 가능하겠나. 스스로 말씀을 읽고, 그 말씀에 나의 삶을 비추어 보는 지난한 작업, 그리고 그 사이에서 나와 공동체의 영적 필요를 발견하는 주체적인 작업. 이것을 우리는 잃어버렸다. 영적 필요를 찾는 일을 포기해 버렸다.

그런데 필요를 찾는 일보다 더 중요하고 어려운 일이 있다. 바로 어렵게 찾아낸 필요에 '책임'으로 반응하는 일이다. 오늘날 30, 40대는 교회에 출석만 해도 박수를 받는다. 교회 안에 머물면 고맙다고 말해 주는 어른들이 있고, 교회 인프라를 누리기만 해도 훌륭한 그리스도인이 된다. 그 같은 신앙생활의 끝은 무엇일까? 저절로 신앙의 열매가 맺힐까? 아니다. 열매를 맺는 일에는 수많은 책임이 따른다. 이전 세대가 교회를 이루기 위해 쏟아부은 시간과 노력을 기억해야 한다. 거기서 맺힌 열매를 따 먹기만 하다가는 '교회'가 다음세대로 전수될 수 없다. 오늘도 누군가는 뿌리고 가꾸는 일에 책임을 져야 한다. '필요'를 채우는 데는 '책임'이 뒤따른다. 영적인 필요라고 해서 하늘에서 뚝 떨어져 주어지지 않는다.

내가 과연 어디까지 할 수 있을까? 무명한 목회자가 제안하는 '필요와 책임'이라는 담론에 과연 반응하는 이들이 있을까? 가뜩이나 교회가 매력을 잃어가는 시대에 필요와 책임이라는 불편한 주제를 외치는 교회에 응답하는 사람들이 있을까? 불안감이 올라올 때면 마태복음 25장에 나오는 '달란트 비유'를 떠올리며 기도했다. "하나님, 교회는 우리에게 맡기신 하나님의 재산입니다. 땅에 묻지 않겠습니다. 필요와 책임을 고민하며 신실하게 목회하겠습니다." 그때마다 재능이 아니라 충성을 요청하시는 하나님을 기억할 수 있었다. 그러면 마음이 평안해졌다.

'필요와 책임'을 추구하는 교회, 그것이 나의 하나님 나라다. 우리가 필요를 찾아 책임을 다할 때, 풍성하게 공급하시는 하나님의 즐거움을 누릴 수 있다. 이것이 개척을 준비하는 나의 믿음이었다. "잘했다, 착하고 신실한 종아! 와서, 나와 함께 기쁨을 누리자!"(마 25:21)

교회 철학 세 가지

누군가를 교회로 초대했을 때 보여 줄 브로셔가 필요했다. 홈페이지나 전도지도 만들어야 했다. 그런데 그것들 전에 해야 할 일이 있었다. 바로 브로셔와 홈페이지에 들어갈 내용 정리였다. '우리 교회의 꿈은 이것입니다. 그래서 이런 지향점을 가지고 있습니다. 그리고 지금 이 같은 일들을 하고 있습니다.' 한마디로 교회 철학이 필요했다. 아내에게 제출한 개척 계획서에 이미 한차례 적기는 했지만, 아직 정돈되지 않은 여러 생각이 파편적으로 내 안을 둥둥 떠다니고 있었다.

나는 한국교회 내에 모임이 너무 많다고 생각하는 사람이다. 물론 각각의 모임은 필요와 요청에 의해 만들어졌을 것이다. 그런데 한번 만들어진 모임은 쉽게 없앨 수가 없고, 그러다 보니 교회 안에 일거리가 너무 많아졌다는 게 문제다. 일을 맡아 할 사람이 부족해서 한 사람이 몇 가지 역할을 맡을 수밖에 없는 상황이 생긴다. 자연히 교회 봉사자들은 지치게 되고, 결국 신앙과 봉사 사이에서 줄다리기를 하다가 번아웃(burnout)이 오고 만다. 나는 많은 교인들이 고통을 호소하다 소진되어 가는 것을 여러 번 봤다.

자, 그러면 무엇을 줄여야 할까? 하나하나 들여다보며 살폈다. 냉정하게 "그만하자"라고 말할 수 있는 것도 있었지만 교회에 필요한 것도 많았다. 그런데 이 많은 것을 이제 막 개척한 교회가 다 해낼 수 있을까? 불가능했다. 그러다가는 나도 죽고, 아내도 죽고, 교인들도 죽는다. 우선순위에 따라 가장 중요한 것부터 쌓아올릴 지혜가 필요했다.

나는 교인 3명이 모일 때와 10명, 또는 20명이 모일 때, 각각 교회가 할 수 있는 일이 다르다고 생각했다. 우리 교회는 나와 아내 그리고 이제 막 한 살이 된 아들로 시작될 교회였다. 기존에 부교역자로 있던 교회에서 해 온 일들을 머릿속에서 싹싹 지웠다. 그리고 백지에 하나씩 새로 적어 보기로 했다. '교회가 해야 할 가장 중한 일은 무엇일까?' 세 개 정도를 적고, 그것을 뼈대 삼아 살을 붙이고 피가 흐르게 하고 움직이게 해 교인들과 손을 맞잡으면 될 것 같았다. 그리고 그 뼈대는 절대 다른 일에 밀리지 않고 단단하게 세워 갈 것이라 다짐했다. 그렇게 잡은 세 가지는 다 함께 예배하기, 스스로 말씀 읽기, 담대히 안식하기이다.

다 함께 예배하기

가장 먼저 생각한 것은 '예배'다. 하나님을 기억하고 경외하는 공동의 시간은 교회 됨에 있어 가장 앞에 서야 한다. 단 한 번의 예배라도 소외되는 자 없이 모두가 영과 진리로 참여할 수 있는 교회가 되었으면 했다. 예배의 많은 부분을 책임지는 목사도, 예배가 원활하게 드려지도록 돕는 누군가도, 예배에 처음 참석하는 이도, 갓난아이도, 누구나 빠짐없이 자신의 예배를 드릴 수 있는 교회가 되기를 바랐다. 교회에 필요한 다른 어떤 요소도 예배보다 우선할 수 없었다.

　신생아를 키우는 아빠가 담임목사이기에, 당장은 주일 오전에 아이를 데리고 딱 한 번만 예배를 드리기로 했다. 그래서

였을까? 교회 개척에 대한 계획을 나눌 때마다 관심을 갖는 이들은 신생아 부모였다. 자모실을 탈출하고(?) 싶은 가정들, 곧 아이와 일체가 되어 있는 엄마와 아빠들이 나의 교회 이야기에 귀를 기울였다. 담임목사의 아이가 예배 중에 빽빽 울어댈 것이 분명하니 자신들도 예배 현장에 참석할 용기를 가졌던 것 같다. 아이 때문에 불편할 누군가가 있겠지만, 이 아이 하나도 예배 현장에서 배제하고 싶지 않았다. 누구나 최선을 다해 예배드릴 수 있는 공동체, 그 갈망이 교회의 첫 번째 기둥이었다.

말씀 읽기

두 번째로 생각한 것은 '말씀 읽기'다. 요즘은 누구나 유튜브를 통해 수많은 설교를 들을 수 있다. 책이나 간혹 부흥회 강사로 초청될 때만 접할 수 있던 유명 목사님들의 설교를 클릭 몇 번으로 들을 수 있는 시대를 살고 있다. 설교뿐만이 아니다. 다양한 역본의 성경 읽기, 말씀 묵상, 신학교의 강의까지 언제 어디서나 말씀을 보고 또 들을 수 있다. 그렇다면 그만큼 우리의 신앙은 안녕한가? 양질의 말씀을 먹으며 무럭무럭 성장하고 있는가?

나는 이 질문에 쉽게 답할 수 없었다. 스스로 말씀을 읽는 힘이 과거에 비해 현저히 줄어들었다고 생각하기 때문이었다. 성경 말씀을 스스로 읽고 그 말씀에 담긴 하나님의 뜻을 캐내어 보려는 끈질긴 노력, 그 씨름을 우리가 상실했다고 느낀다. 이 같은 안타까움에 개척 첫날부터 공동으로 성경을 읽는 모습을 상상해 보았다. 주일에 둘러앉아 말씀 한두 장을 읽고 나서 예배를 드리면 어떨까. 함께 읽은 말씀 중 몇 절을 뽑아 설교로 나누고, 읽은 말씀을 여섯 부분으로 쪼개서 월요일부터 토요일까지 읽고 또 나누는 것. 이렇게 꾸준히 말씀을 읽는다면, 우리 신앙이 더 건강해지지 않을까. 나는 교인들이 다양한 말씀 읽기 방식을 통해 말씀 속 진주를 스스로 캐내는 신자가 되기를 바랐다.

담대히 안식하기

마지막으로 낯선 개념인 '안식'을 택했다. 현대 사회는 우리를 휘몰아 간다. 마치 공장 속 전동 레일 위에 선 것처럼 바쁘게 움직이도록 밀어붙인다. 레일에서 이탈하는 것은 곧 실패로 여겨지기까지 하니, 레일의 속도를 따를 수밖에 없다. 그러나 하나님은 우리에게 안식의 날을 허락하셨다. 전동 레일을 벗어나 분주한 일상을 과감하게 멈출 수 있는 날을 허락하신 것이다. 안식의 날, 우리는 세상을 주관하시는 하나님을 생각한다. 일상에 파묻혀 무뎌진 감각을 다시 예민하게 다듬고, 하나님을 마주할 필요가 있다. 안식하면 세상에 뒤쳐질 거라는 불안감을 떨쳐 버려야 한다. 담대하게 삶에 멈춤 버튼을 누르고, 하나님을 생각할 수 있어야 한다.

일차적으로는 주일이 이날이다. 그러나 단순히 예배당으로 나오는 것, 그 이상을 말하고 싶었다. 일주일에 하루, 공동으로 모여 육체와 정신과 영혼의 안식을 실천하는 용기 있는 사람들이 되기를 바랐다. 이차적으로는 삶 자체가 분주하지 않기를 바랐다. 바쁘게 살아야 한다는 세상의 메시지에 저항하는 공동체이기를 바란 것이다. 물론 그리스도인은 직장과 가정에서 성실해야 한다. 이타적인 삶을 살기 위해 시간과 에너지를 남보다 더 사용해야 할 수도 있다. 그러나 필요 이상으로 가지려는 탐심은 철저히 내려놓아야 한다. 물질이 불안을 해소시켜 줄 것이라는 유혹에 저항해야 한다. 우리 인생을 다스리시는 이는 하나님이다. 그 사실을 굳건히 붙들며 안식을 철저히 지키는 교회가 되기를 바랐다.

홈페이지와 전도지를 만들기 위해 교회 철학이 필요했던 것인데, 막상 정하고 나니 홈페이지와 전도지 만들기는 무기한 연기되었다. 세 가지 핵심 가치를 성실히 지키는 것만으로도 교회의 시간과 에너지가 빠듯했기 때문이다. 홈페이지와 전도지, 중요한 것이지만 더 중요한 것을 위해 '다음에 할 일' 목록에 잘 꽂아 두었다. 아무래도 핵심 가치가 해야 할 일의 순서를 적절하게 정리해 준 것 같다.

집에서 시작하는 교회

사임 후 두세 달 동안 교회 탐방을 다녔다. 규모가 큰 교회도 가 봤고, 다른 교단의 교회도 가 봤다. 아이 때문에 예배 시간에 지각한 날이 있는가 하면, 아이 돌봄부터 점심식사까지 너무 편해서 "이 교회 등록할까?" 하고 아내와 농담을 나눈 날도 있었다. 탐방이 재밌어지기 시작했다. 이러다간 개척은 미루고 탐방 전문가가 될 것 같아서 일단 뜻을 같이하는 이들과 바로 예배를 드리기로 마음먹었다.

개척을 준비하는 사람들의 첫 번째 고민은 예배 장소다. 그런데 나에게 장소는 크게 문제가 되지 않았다. 나는 '초대

교회 모임장소'를 주제로 대학원 석사 논문을 썼다. 신약성경과 초기 교부들의 문서, 또 1, 2세기 글들에 보면, 예수를 믿는 사람들은 매우 다양한 장소에서 모임을 가졌다. 주로 누군가의 집이었고, 목욕탕이나 식당, 일터, 심지어 거리이기도 했다. 그들에게는 모일 수 있는 모든 장소가 하나님을 예배하는 예배당이 되었다. 나는 내가 쓴 글에 일말의 책임을 지고 싶었다. 교회는 건물이 아니라 '사람들의 모임'이라고 고백하지 않았나. 조금 불편할 수는 있지만 불가능하지는 않다는 것을 입증하고 싶었다. 그래서 첫 예배 장소로 우리 집을 선택했다(예배당으로 사용 가능한 장소가 있었다면 당연히 그곳에서 시작했을 것이다. 그러나 우리에게는 그런 공간이 없었다).

물론 대출을 받아서 공간을 임대하는 방법도 있다. 대부분의 개척교회가 그렇게 시작한다. 하지만 나는 세 가지 이유에서 그 길을 거부했다. 첫 번째는 개인적인 연약함에서 비롯된 것으로 나에게 그만한 담력이 없었다. 대출 이자의 부담을 안은 채 교회를 시작할 자신이 없었다. 고백하자면, 나는 재정 훈련이 덜 된 사람이다. 대출을 했다간 목회하는 중에 마음이 콩밭에 갈 확률이 높았다. 결국에는 후원과 헌금에 매일 것 같았다. 내가 나를 잘 알기에 자신 없는 길은 최대한 피하는 것이 나와 교회를 지키는 길이라 믿었다. 두 번째는 한국 사회 부동산 문제에 저항하고 싶었다. 대한민국은 좁은 땅에 수많은 건물이 지어져 있다. 주말에 비어 있는 공간은 얼마든지 찾을 수 있을 것이고, 그렇게 건물 이용 효율을 높이면 사회 문제 해결에 기여하는 '선교적 교회'가 될 수 있을 거라고 생각했다. 마지막으로, 사실 이게 가장 큰 이유인데, 시작을 '집'에서 하고 싶었다. 내가 가장 따뜻하게 타인을 환대할 수 있는 공간, 나의 집에 초대해서 함께 예배하고 싶었다. 그것이 나에게 가장 이상적인 교회의 모습이었다. 기독교가 정식 종교로 제도화되기 전, 초대교회는 모든 공간이 예배당이었다. 그중에 성경에 가장 많이 기록된 예배는 '집-교회(house-church)' 가정에서 드리는 형태였다. 제도화된 현대 사회에서 굳이 초대교회를 따를 필요는 없겠지만, 초대교회의 정신을 듬뿍 담아내고 싶었던 한 젊은 목회자의 시도로 봐 주었으면 한다.

결론적으로 가장 큰 지출인 임대료를 최소화한 교회가 시작되었다. 지금 돌아보면 무슨 생각이었나 싶기도 한데, 그런 식으로 시작하지 않았다면 과연 지금까지 버틸 수 있었을까 싶다.

초대합니다

개척의 이유와 방법, 과정 등을 고민하고 또 곱씹으며 하나하나 기록해 나갔다. 수정하고 확장하기를 반복한 끝에 누군가에게 보여 줄 만한 짧은 글을 완성했고, 드디어 개척 소식을 만방에 알렸다. 단순히 소식을 전하는 것을 넘어 동참으로의 초대였다.

개척도 용기였지만, 함께할 이를 구하는 것은 또 다른 종류의 용기가 필요한 일이었다. "교회를 개척합니다. 오셔서 함께 교회가 되어 주세요." 이렇게 부탁했는데 거절을 당한다면… 타격감이 엄청날 것 같았다. 또 거절하는 쪽에서도 얼마나 민망하겠나. 오랜 친구에게 연인이 되자고 말했다가 까딱 잘못하면 친구로도 남지 못한다는 말이 실감이 났다. 딱 그 마음이었다. 그래서 적극적으로 권하지 못했다. '이런저런 계획을 가지고 개척합니다. 뭐 그렇다고요'라는 태도로 주변에 메시지를 보냈다. 첫 예배는 2018년 4월 1일, 부활절이라 더욱 의미 있는 시작이 될 거라 생각했는데 마침 만우절과 날짜가 겹쳤다. 그래서 만우절 농담인 줄 알았다는 이들도 있었다.

식사 자리를 갖고 진지하게 이야기를 나눈 가정도 있었지만, 딱히 함께하겠다는 가정은 없었다. 예상컨대 자녀들의 신앙교육과 장소가 가장 큰 불안요소였던 것 같다. 지금 생각해보면, 뭐 하나 가시적인 것 없이 의지와 포부만으로 함께하자고 권한 셈이다.

함께할 확률이 높다고 생각했던 가정들 중에서도 합류 의사를 전한 가정이 없었다. 사실 거절이 두려워서 확답 자체에 거리를 뒀다. 이러다 정말 아내와 둘이 첫 예배를 드릴지도 모른다는 생각이 들었다. 어쩌면 불쌍한 아들 생각해서 부모님이 참석하실 수도 있겠다 싶었으나, 그건 내가 그린 그림이 아니었다(아버지와 어머니는 오래 섬긴 교회가 있다). 그런데 이 같은 상황에도 마지막 순간까지 불안하지 않았다. 이상한 일이었다.

첫 예배를 드리기 몇 주 전, 두 가정이 함께하겠다며 연락을 해 왔다. 내 예상 리스트에 없던 분들이었는데, 이 두 가정에는 한 가지 공통점이 있었다. 결혼과 임신, 출산 과정을 지나며 신앙생활에 어려움을 겪고 있다는 점이었다. 즉, 시작하는 교회에서 개인 신앙생활을 새롭게 하고자 결단을 내린 것이었다. 개척 후 여러 번 묻고 싶었다. "그때 무슨 생각으로 함께하겠다고 하셨어요?" "혹시 후회한 적은 없나요?" 하지만 이 질문은 내 마음에 묻는다. 아마도 평생 하지 못할 것이다. 대답을 들을 자신이 없어서다. 그들을 떠올리면 미안하고 또 고맙다. 그 마음이 응집된 채로 그냥 그렇게 무뚝뚝하고 멋쩍게, 끝까지 사랑할 것 같다.

2부

그저교회입니다

종종 듣는 말이 있다.
"교회가 매우 이상적이네요."
'좋다'는 의미인 동시에,
현실적이지 못하다는 뜻도 담겨 있다.

첫 예배

2018년 4월 1일, 부활절 아침 6시. 일찍 일어났지만 할 일은 없었다. 아이와 아내가 깨지 않도록 조심스럽게 거실로 나와 소파에 앉아 기도를 했다. 그렇게 잠잠히 오늘 함께하실 하나님을 생각했다. 개척이란 단어에는 두려움과 떨림이 담겨 있을 것 같지만, 그날 나는 무척이나 평온했다. 천성이 걱정이 없는 사람인 데다 개척하며 그린 그림이 소소했기에 염려할 것이 별로 없었다. 조그만 책상 위에 독서대를 놓고 성경과 찬양 악보를 준비했다. 입구에는 오는 이들이 챙길 수 있게 주보와 헌금 봉투를 놓았고, 식탁에는 예배 후 친교를 나눌 수 있도록 머핀과 커피를 준비해 두었다. 보통 가정심방 예배를 드린다고 할 때, 딱 그 정도로 첫 예배 준비를 마쳤다.

예배 1시간 전. 아내는 평소와 다름없이 아이와 씨름하고 있었고, 나는 함께 부를 찬양 기타 코드를 한 번씩 더 잡아 보고 있었다. 그러다 문득 고개를 들었는데, 우리 집 현관문이 보였다. 저 문으로 들어올 '약속한' 한 가정을 생각했다. (원래 한 가정이 더 오기로 했었는데 미리 잡아 놓은 가족여행 일정으로 참석하지 못한다는 연락을 보내왔다.) 어떤 표정, 어떤 인사를 하며 들어올까. 입이 마르고 닳도록 한 생명이 귀하다고 설교해 왔는데, 오늘은 정말로 그랬다. 혹여나 그 가정의 아이가 아파서 못 오기라도 하면, 아무도 오지 않는 첫 예배가 될 수도 있었기에 정말 간절했다. 또 한편으로는 기적과 같은 상황을 상상했다. '누군가 어딘가에서 개척 소식을 듣고 불쑥 찾아오진 않을까? 아니야. 그런 일은 없을 거야.' 혼자 자문자답하며 상상의 나래를 펼쳤다. '예고 없이 불쑥 찾아오는 가정이 두 가정만 되어도 공간이 비좁을 텐데 그땐 어떻게 하지?' 예배 준비에 대한 생각은 어느덧 떠나갔고, 오늘 이 자리를 채울 이들에 대한 상상이 머릿속에 가득했다.

약속한 한 가정이 참석했다. 우리 가족까지 어른 넷에 이제 막 돌이 지난 아이 둘. 나는 의자에 앉고 나머지는 매트가 깔린 바닥에 앉았다. 나름 갓난아이를 둔 가정을 배려한 처사였다. 뭔가 더 준비하여 편하게 해 주고 싶었지만 그 이상을 찾지는 못했다.

빙 둘러앉아 있는 이들에게 어색한 미소를 지어 보이며 예배 시작을 알렸다. 첫 주인지라 공동기도문을 교독했고, 사도신경으로 함께 신앙을 고백했다. 이날 함께 부른 찬양은 '왕이신 나의 하나님', '예수 우리 왕이여', '주는 완전합니다' 세 곡이다. '하나님이 왕이시다'는 선언이 선명하게 집 안을 울렸다. 좁은 공간이라 울림이 커서인지 아니면 모인 이들의 간절한 고백이어서인지, 가사 한 구절 한 구절이 밀도 있게 우리의 가슴을 울렸다. 찬양 후 곧바로 말씀을 나눴다. 개척하며 읽기로 한 첫 책이 사도행전이었기에 사도행전 1장 6~11절 말씀으로 설교를 나눴다. 제목은 '부활 이후'. '성령님의 능력으로 살아가자, 그 능력으로 세워지는 교회가 되자'라는 메시지였는데, 설교자보다 더 크게 소리를 지르며 정신없이 움직이는 아이들 덕분에 등에서 땀이 비 오듯 쏟아졌다. 미안해하는 눈짓에 "괜찮습니다"를 여러 번 외쳤지만, 사실은 안 괜찮았다. 다만 이런 상황을 예상하고 설교를 짧게 준비한 것이 하나님의 은혜였다. 찬송가 430장 '주와 같이 길 가는 것'을 파송의 찬양으로 부르고, 함께 결단의 기도를 한 후에 축도로 예배를 마쳤다. 성경을 덮으며 예배에 참석한 자매님이 툭 한마디를 건넸다.

"정말 오랜만에 예배를 드릴 수 있어 좋았어요!"

그 고백이, 그동안 수없이 들어 온 예배 후 인사에 곱하기 100만큼 좋았다. 땀을 닦으며 속으로 하나님께 말했다. '하나님, 저도 좋았어요!'

예배를 마치고 같이 식사를 했다. 매주 식사를 준비할 자신이 없었던 터라 배달음식을 시켜 먹을 거라고 사전에 공지를 했다. 배달 온 식사를 나누며, 나중에 함께하는 가정이 많아지면 각자 집에 있는 음식들을 가져다 뷔페처럼 차려 먹자는 꿈도 나눴다. 이런저런 이야기를 나누다가 아기들 낮잠 시간이 다가와 모임을 파했다.

아이들 낮잠은 이 시기 부모들에게 구원과도 같다. 아무리 성도 간의 교제가 귀하다고 한들 구원과 비교할 수 있을까! 아이를 재우고, 나도 침대에 누웠다. 첫 예배의 긴장이 다 풀릴 때까지 푹 잤다. 그렇게 2시간가량을 안식했다. 그리고 아내와 아이를 데리고 집 앞 공원으로 산책을 나갔다. 한 숨 자고 나니 피곤도 풀리고 컨디션도 좋아서 하하 호호 웃으며 첫 예배 감상을 나눌 수 있었다. 나는 무엇보다 우리 세 식구가 한 자리에서 드린 주일예배라 좋았다. 아내도 그 부분에 공감했다. 어수선한 것은 계속 지혜를 구하며 방법을 찾으면 되니 통합예배 형식을 고수하자고 이야기했다. 같이 고민하고 달려온 시간이 있는지라 그날의 감상을 전하기에 한마디면 충분했다. "하나님 정말 대단하시다, 그지?" 아내는 미소로 내 말에 화답했다. 봄 햇살을 맞으며 유모차를 끌고 걸었던 그날의 기분을 지금도 기억한다. 이렇게 매주 주일을 보내고 싶다는 기대감과 행복감이 내 주변을 휘감았다.

이것은 내가 개척을 하면 반드시 이루고 싶었던 첫 주의 그림이었다. 개척 멤버 모두가 영유아를 키우는 부모였다. 이들이 자모실이 아닌 곳에서 아이와 함께 예배를 드리는 것, 서로의 힘겨운 육아 스토리를 공유하며 정서적인 위로를 누리는 것, 영혼의 안식에 더해 육신의 안식으로 낮잠을 자는 것, 이 세 가지가 한 주일에 모두 이뤄졌으니 얼마나 감사한 일인가. 향후 어떤 이들이 함께하게 될지 알 수 없고, 또 그들의 필요가 무엇인지도 알 수 없었다. 그러나 적어도 첫 주일에, 예배 참석자 6명은 각자에게 가장 필요한 영혼육의 안식을 누렸다. 그래서 가장 완벽한 예배, 완전한 주일이었다. 누군가는 '에이, 별거 아니네' 할 수도 있다. 그러나 담임목사가 첫 주일부터 낮잠 자는 것이 어디 쉬운 일인가. 거룩한 낮잠을 성공적으로 잘 수 있어서 행복했다.

교회 이름이 뭔가요

주일예배를 드린 지 한 달쯤 되었을 때, 한 교인이 물었다. "목사님, 저희 교회 이름이 뭔가요?"

그러고 보니 이름도 안 짓고 교회를 시작했다. 몇 가지 후보군을 두고 생각은 많이 했다. 하지만 마음에 드는 것이 없었다. 지역 명을 붙여서 이름을 짓고 싶었는데 선점한 교회들이 수두룩했다. 그나마 교회 철학을 잘 반영한 이름이 '베이직'이었는데, 베이직 교회는 이미 유명한 교회가 아닌가. 그렇다고 '기초교회', '기본교회'는 너무 이상해서 고민만 이어 가고 있었다. 그러던 어느 날, 두 개의 단어가 팍 하고 머릿속을 스쳐 갔다. '그냥' 그리고 '그저'. 한 주가 지나고 성도들에게 말했다.

"여러분, 혹시 '그냥교회' 어떠세요?"

아무도 대답을 하지는 않았지만 '이 목사가 제정신인가' 하는 표정들이었다.

"음, 그러면 '그저교회'는 어떤가요?"

표정이 조금 풀리기는 했어도 아까와 크게 다르지 않았다.

'노브랜드'라는 이마트 자체 브랜드가 있다. 처음 나왔을 때의 카피가 "품질만 남기고 뺄 수 있는 것은 다 빼자"였다. 광고에 들어갈 에너지와 자본을 오직 제품에 투자하겠다는 말이니, 소비자 입장에서는 제품에 대한 신뢰가 커질 만했다. 제품이 좋으면 재사용으로 이어지고 자연스럽게 입소문이 난다. 결국 제품의 가치는 품질에 있는 게 아니겠나. 같은 맥락에서 교회도 '노브랜드'가 되어야 한다고 믿었다. 성경에 나오는 교회의 본래 모습은 '세상 어디에서도 경험할 수 없는 생명의 공동체'다. 오늘날 교회들이 이 본래 모습을 찾는 데 온 힘을 다한다면, 세상 속에서 충분히 빛을 발할 거라 생각했다. 진짜는 수식어가 필요 없는 법. 나는 그것을 표현하고 싶었다. '노교회' 아, 이건 아니고 'Just Church, 그저교회'가

좋을 것 같았다. 그 의미와 의도를 찬찬히 설명했다. 그러나 교인들의 표정은 밝아지지 않았다.

나는 바로 휴대폰으로 '그저'라는 단어를 검색했다. 포털 사이트 사전에는 세 가지 의미가 적혀 있었다. 첫째, 변함없이 이제까지, 둘째, 다른 일은 하지 않고 그냥, 셋째, 별로 신기할 것 없이. 이 의미들이 거의 완벽하다고 생각한 나는 흥분한 상태로 외쳤다.

"여러분! 정말 완벽한 단어 아닌가요? 교회는 꾸준하고 신실해야 합니다. 그리고 다른 일에 몰두하지 않고 하나님께 집중해야 합니다. 그뿐만 아니라 교회가 교회다운 것이 신기한 일이 아니어야 하죠."

이 정도면 환호성이 터질 줄 알았다. 하지만 아니었다. 교인들에게는 이 의미를 부모님과 형제자매, 친구들에게 구구절절 설명할 일이 남아 있었다. 어려운 작업임이 분명했다. "너 어느 교회 다녀?" "응, 그저교회 다녀." 상대방의 난감해하는 반응을 온몸으로 감내해야 하는 것은 교인들의 몫이었다. 나중에 자녀들이 학교에 입학해 반 친구들끼리 교회 이야기를 할 날이라도 오면 더 복잡해진다. 떳떳하게 교회 이름을 밝히지 못하거나 다른 이름을 말할지도 모른다. 그 같은 장면

이 생생하게 그려지면서도, 나는 이 이름을 포기할 수 없었다.

한 주간 더 생각해 보자 했다. 그 한 주 사이 내 생각은 보다 확고해졌고, 교인들은 나의 뜻을 용납해 주었다. 이후 공식적인 자리에서 교회 이름을 소개할 때면 간혹 "그저 그런 교회 아니냐"고 비아냥거리는 이들을 만나기도 했다. 구구절절 설명을 더해야 한다는 것은 훌륭한 이름이 아니라는 방증일지도 모른다. 그래도 고집을 부리기로 했다. 적어도 한번 듣고 잊히지 않는 이름이 되었으니 그걸로 됐다. 그리고 이름처럼 가고 있으니 그걸로 됐다.

새로운 예배 장소를 찾아서 I

집에서 예배를 드리기로 결정한 것을 후회해 본 적이 없다. 하지만 아내는 달랐다. 교회 이름이 지어지고 얼마 후 아내가 말했다. "여보, 집에서 계속 예배를 드릴 수는 없어요." 여러 가지 이유를 나열했지만, 핵심은 불편하다는 것이었다. 사실 불편한 게 어디 아내뿐이었을까. 함께하는 이들도 나로 인해 많이 불편했을 것이다. 이 자리를 빌려 처음을 함께한 이들에게 다시 한 번 감사의 마음을 전하고 싶다.

아무튼 아내의 마음을 알게 된 이후 나는 새로운 예배 장소를 물색하기 시작했다. 임대료를 주고 공간을 빌릴 생각은 여전히 없었다. 소수의 사람들이 모이는 지금, 임대료에 재정이 흘러가는 것을 원하지 않았다. 그래서 당시 거주하던 안양, 평촌 지역의 20곳이 넘는 유치원을 찾아다니며 문을 두드렸다. 내가 어떤 교단에서 목사 안수를 받았고, 어느 교회들에서 사역을 했는지, 그리고 우리 교회의 지향점이 무엇인지 A4 용지 3장에 꽉꽉 채워서 제안서와 함께 전달했다. 담당자와 상의해 보고 혹시 가능하면 연락을 달라고 했다. 회신을 준 곳은 한 곳도 없었다.

　내 생각에 유치원은 예배드리기에 더없이 좋은 장소였다. 피아노와 마이크가 준비되어 있고, 아이들을 위한 책이나 놀이기구도 있으며, 기저귀를 갈거나 이유식을 먹이기에도 좋았다. 무엇보다 일요일에 운영하는 유치원은 없을 테니 노려볼 만하다고 생각했다. 그러나 그건 크나큰 착각이었다. 위생을 신경 써야 하는 곳이 외부인에게 공간을 내어 줄 리는 없었다. 학부모들에게 안 좋은 소문이 나는 것도 위험 요소였다. 게다가 나의 신원을 보장할 만한 담보가 없었다. 그렇다. 나는 너무 무모한 도전을 했던 것이다.

　그래도 여기저기 부지런히 돌아다녔더니 지인들에게 소문이 난 모양이었다. 한 상담소의 소장님이 연락을 주셨다. 원래 상담소와 함께 교회를 겸하려던 곳인데, 현재 상담소만 운영하고 있다며 저렴한 임대료로 손을 내미셨다. 그렇게 개척 두 달이 못 되어 새로운 예배 장소로 옮기게 되었다.

확실히 예배 장소가 생기자 방문자들이 늘었다. 딱 세 가정이 모이던 예배에 매주 10명 이상 모이기 시작했다. 덩달아 아이들도 늘어 울고 뛰어다니는 소리가 좁은 공간에 울려 퍼졌다. 이 시기에는 정말 어찌할 바를 몰라 매주 새로운 시도를 했다. 한번은 아이들을 가운데 앉혀 놓고 성도들이 빙 둘러서 예배를 드렸다. 아이도 돌보고 예배도 드릴 수 있는 묘책이라 여겼지만, 개척 후 가장 어리석은 아이디어였다. 시작부터 끝까지 예배에 집중하지 못하는 어른들, 그리고 마치 무대에 선 것마냥 자유자재로 떠들고 재롱을 부리는 아이들…. 하마터면 중간에 "오늘 예배는 여기까지 드려야 할 것 같습니다"라고 선언을 할 뻔했다. 당황스러움을 숨길 수가 없었다. 모르긴 몰라도 내 얼굴은 울기 일보 직전 상태였을 것이다.

그래도, 매주 정신이 나갈 것 같아도, 좋았다. 우리만의 공간이 있고, 사람들이 모였기 때문이다. 그러나 한 가지 해결하지 못한 어려움이 있었다. 기저귀를 갈 공간이 없다는 것이었다. 어머니들은 책상에 아이를 올려둔 채 기저귀를 갈았고, 그때마다 아이가 떨어질까 봐 불안해했다. 다시 기도하기 시작했다. "하나님, 여기 온 지 얼마 안 되었는데 죄송합니다만 저희 기저귀 갈 공간 좀 주세요." 교인들에게 함께 기도하기를 권했다.

그때쯤 신문기사를 통해 지역의 한 목사님을 알게 되었다. 주중에 카페를 운영하고, 주말에는 그 공간에서 예배를 드리는 소위 '카페 목회'를 하는 분이었다. 나 역시 2011년도에 바리스타 자격증을 취득할 정도로 커피에 관심이 많았던 터라 일단 카페로 향했다. 그리고 세 번쯤 방문했을 때 목사님께 말을 걸 용기가 생겼다.

"목사님, 안녕하세요. 저도 이 지역에서 목회를 하고 있는 목사입니다. 목사님 기사를 보고 궁금해서 찾아왔습니다."

우리는 코드가 잘 맞았다. 나는 목사님께 내 속내를 솔직히 말씀드렸다.

"노마드 북카페 정말 좋네요. 저희는 언제쯤 이런 공간에서 모일 수 있을까요?"

이후 한두 달이 흘렀다. 가족들과 강원도 여행을 다녀오는 길에 페이스북을 통해 목사님의 소식을 보게 됐다. 사당에 있는 교회로 교회 전체가 옮겨 간다는 내용이었다. 짧은 고민 끝에 바로 목사님께 전화를 걸었다.

"목사님, 기억하실지 모르겠지만 한두 달 전에 찾아뵈었던 그저교회 전인철 목사라고 합니다. 페이스북을 통해 목사님 소식을 보게 되었어요."

공간에 대한 이야기를 조심스레 꺼내려는데 목사님이 먼저 말씀하셨다.

"목사님! 저도 목사님께 연락드리려고 했어요. 노마드 북카페는 저희 교인이 인수받아 운영하기로 했습니다. 주일에는 영업을 안 하는데, 혹시 그저교회에서 사용하시겠어요?"

어안이 벙벙했다. 한 10년 정도 걸릴 줄 알았다. 옮기고, 옮기고, 옮기다가 마침내 좋은 공간을 사용하게 될 거라 예상했다. 그런데 바로 제안이 온 것이 아닌가. 인수하는 분과 상의를 해 봐야겠지만 임대료도 기존 금액 선에서 생각해 보자고 말씀해 주셨다. 개척을 하며 여러모로 신기한 일이 많았는데 이날은 정말 신기했다.

노마드 북카페에는 통유리로 되어 있는 방이 하나 있었다. 교육부실로 사용할 수도 있고, 예배 중 긴급하게 들어가서 아이들을 돌볼 수도 있는 공간이었다. 북카페라서 책장에 책들이 빼곡히 꽂혀 있고, 예배 공간으로도 사용된 곳이라 앰프 시설과 키보드, 기타, 보면대까지 구비되어 있었다. 그야말로 몸만 들어가면 되는 곳이었다.

그 주에 나는 교인들에게 큰소리를 쳤다.

"거 보세요. 같이 기도하니 하나님이 복지까지 책임져 주시잖아요."

이렇게 될 줄 알았다는 듯이 말했지만, 그 일에 가장 가슴이 뛰고 흥분한 사람은 나였다. 새로운 시작이었다.

자모실을 없애도 괜찮을까?

하루는 SNS를 보다가 어느 신학교 교수님이 쓰신 글에 꽤나 감명을 받았다. 하나님은 예배 시간에 우는 아이들 소리도 예배로 받으실 거라는 내용이었다. 그러니 자모실을 만들지 말고 아이들의 울음소리와 더불어 예배를 드리라는 것이 요지였다. 나는 그 교수님과 아무런 친분이 없다. 그러나 하나님 입장에서 생각해 보니 길게 고민할 필요가 없었다. '정돈된 예배'라서 받으시는 것이 아니라는 확신이 들었다. '그래! 아이들은 우는 게 당연해. 무슨 클래식 음악회도 아니고, 예배가 조용하고 정갈해야만 하나. 울면 달래 가면서 예배드리면 되지!' 개척 때부터 통합예배는 우리의 고정값이었다. 다만 통합예배를 어떻게 구현할 것인가에 대한 고민이 깊었는데, 교수님을 통해 그 고민이 한 방에 해결된 것이다.

교인 모두가 영유아를 키우고 있기에 서로 이해하고 말 것도 없었다. 아이가 울면 달래고, 똥 싸면 기저귀를 갈고, 배고파 칭얼거리면 우유를 먹이면서 함께 예배를 드렸다. 문제는 어른들의 집중력이었다. 아이들이 소리를 낼 때마다 그쪽으로 시선이 쏠렸고, 울기라도 하면 모두의 정신이 혼미해졌다. 그래도 매주 해냈다. "해냈다"라는 표현이 맞는 것 같다. 해보자고, 할 수 있다고 서로를 격려하며 기어이 예배를 드렸다. 누군가는 이것이 예배 맞냐고 따질 수 있는 상황이었음에도 아무도 그런 말을 하지 않았다. 최선을 다해 '탈탈 털어' 드린 예배였다.

한번은 설교 중인데 아들이 뚜벅뚜벅 걸어 나왔다. 아이는 나에게 화장실에 같이 가자고 요청했다. 아내가 뛰어나와 엄마와 가자고 말했지만 소용없었다. 아이는 막무가내였다. 엄마가 조금 더 끌어당겼다가는 소리를 지르거나 울 것만 같았다. 여러 생각이 머릿속을 스치고 지나갔다. 얼른 선택해야 했다. 나는 설교자니 예외로 할 것인가, 아니면 함께 예배드리기 위해 상호 불편을 감수하자는 원칙에 나와 내 아이도 포함시킬 것인가. 다행히 우리는 이미 이런 상황에 익숙했고, 예배 중간에 잠시 쉬는 것이 어렵지 않았다.

"여러분, 제가 잠시 이안이와 화장실에 다녀오겠습니다. 그리고 이어서 말씀을 나눠도 괜찮을까요? 여러분도 물 한 모금 먹고 자리해 주셔도 좋습니다. 단, 너무 멀리 이동하진 않으셨으면 좋겠습니다."

자연스럽게, 그러나 신속하게 이안이를 안고 화장실로 뛰었다. 아이가 소변을 보는 동안, 내린 바지를 붙잡고 SNS에서 만난 그 교수님을 떠올렸다. 그리고 속으로 말했다. '교수님. 제가 교수님을 한 번도 뵌 적은 없지만 교수님은 목회 안 해 보신 것 같습니다. 더 길게 말씀 안 드리겠습니다. 이거 장난 아니게 힘든 일입니다.'

내 존재도 모를 그분은 아직까지 내 마음속에 애증의 관계로 남아 있다. 지금도 문득 생각한다. 하나님은 설교가 잠시 멈춘 그 십여 분, 어떤 마음이셨을까? 어떤 표정으로 나와 우리 공동체를 바라보셨을까? 긍정이나 부정의 대답을 떠나, 어린 목사의 무모한 선택에 애쓴다 하지 않으셨을까 감히 상상해 본다.

나중에 들은 이야기지만, 당시 부모들에게도 양가 감정이 있었다. 아이들과 함께 예배드리고 싶은 마음과 집중해서 '나의' 예배를 드리고 싶은 마음. 내심 교회가 이 두 가지를 다 해결해 주기를 바랐던 것이다. 그때로 돌아간다면, 동일한 방식으로 예배를 진행하지는 않을 것 같다. 예배를 드리는 동안 아이들을 보살필 도움 교사를 유급으로라도 모실 것이다(실제로 지금은 근처 교회 청년들에게 장학금을 주고 도움을 받고 있다. 이웃교회 청년들이 그저교회 교사로 섬기고 있는 중이다). 그러나 '하나님이 어떤 예배를 받으실까?' 물으며 끈질기게 이어 간 어린 목사의 고민은 매력적이었다고 생각한다. 그때 그 고민이 없었다면, 우리의 예배는 편한 예배, 딱 그 정도였을 테니 말이다.

자모실 없이 우는 아이들과 함께 하나님을 예배했다. 그 어수선한 환경 속에서도 우리는 하나님 기억하기를 포기하지 않았다. 그런 우리의 예배를 하나님이 기뻐 받으셨으리라 확신한다.

"아이들은 아빠, 엄마가 가르치세요"

통합예배 형식을 선택한 건 자녀와 부모가 한 공간에서 함께 예배하는 것이 아이들의 신앙교육에 가장 좋다고 판단했기 때문이다. 주일학교를 따로 구성할 교사가 부족하다거나(부족할 것을 예상해서거나) 교역자가 없어서 선택한 차선책이 아니었다. 아이들은 어른들이 예배드리는 모습을 보면서 자연스럽게 신앙생활을 시작한다. 우리도 그렇게 배우지 않았나. 아버지가 두 손을 들고 기도하는 모습, 어머니가 찬양할 때 박수 치는 모습을 보고, 그 모습을 따라 기도하고 찬양했다. 그렇게 함께 예배함으로 신앙의 뼈대가 세워질 거라 나는 믿었다.

하지만 아이들에게 나이에 맞는 신앙교육도 공급하고 싶었다. 어른을 대상으로 하는 설교가 어린아이들에겐 어려울 것이었다. 그래서 성경 66권의 핵심 이야기를 매주 들려주기로 했다. 대부분 영유아였기 때문에 이야기 자체만으로도 힘을 가질 것이라고 믿었다. 훗날 인생의 질문이 생기고 삶의 위기에 직면할 때, 어린 시절에 들은 성경 이야기를 머릿속에서 꺼내어 볼 수 있도록 지금은 공급할 때였다. 성경 이야기 시간은 아이들의 집중력이 살아 있는 예배 앞부분에 배치했다. 어른들의 말씀 나눔이 있기 전, 모든 예배자가 어린아이들의 언어로 하나님을 만나는 것이다. (이 시간이 어른들을 위한 시간보다 더 좋다고 말하는 이도 있었다.)

그러면 누가 이 일을 할 것인가? 대부분의 교회에서 교육부 교역자가 이 일을 한다. 그들은 전문가라서 효과적인 교육 방법을 알고 있을 뿐만 아니라 성경 이야기를 틀리지 않고 정확하게 전달할 수 있다. 경력이 있는 교역자는 준비 시간 대비 최고의 효과를 이끌어 낼 수 있다. 소위 가성비를 따져 봤을 때 교역자가 하는 것이 맞다. 주일학교 설교 경험이 많을뿐더러 이야기를 긴장감 있게 끌고 가다가 펑 하고 터뜨릴 줄 아는, 자타공인 훌륭한 스토리텔러가 나다. 회사에서 하는 일도 주일학교 콘텐츠 개발과 활용이니, 더 이상의 설명이 필요할까? 맞다. 내가 하면 된다. 그런데 나는 부모들에게 이 일을 권했다.

"여러분, 제가 하면 잘할 겁니다. 그러나 여러분이 하셔야 합니다. 아빠가 하고, 엄마가 하셔야 합니다. 그게 제일 좋습니다. 저를 믿고 여러분이 해 주세요!"

아이들은 부모와 매일의 삶을 공유한다. 아침에 일어날 때와 잠자리에 들 때, 밥을 먹고, 씻고, 놀이를 할 때, 부모는 가장 가까이에서 아이를 가르치고 돕는 사람이다. 따라서 아이는 부모가 말하고 행동하는 것에 반응할 수밖에 없다. 아이는 부모에게서 배운다.

한때 교회와 가정에서 신앙교육을 함께 진행해야 한다는 인식이 주류를 이뤘다. 많은 교회가 가정 학습지를 만들어 가정에 보냈고, 부모가 가정예배를 인도하며 가정 신앙교육을 강화해야 한다고 주장했다. 과연 몇 프로가 실천했을까? 나는 10%도 높이 측정된 수치라고 본다. 솔직히 말해 목회자 가정에서도 실천이 어렵다. 밥 먹이고, 숙제 확인하고, 씻기고, 뭐 그러다 보면 재울 시간이다. 중요하지만 자신 없는 일은 뒤로 미뤄지기 마련인데, 부모에게 가정예배는 중요하지만 자신

없는 일이다. 그렇다면 주일 강단을 부모에게 내어 주는 게 어떨까.

"주중에 잘 준비해서 주말에 이야기해 주세요. 아니, 제가 잘 준비해서 ppt와 대본까지 세팅해 놓겠습니다. 열심히 읽고 오셔서 최선을 다해 선포해 주세요. 그러면 아이들이 듣고, 들은 대로 살 겁니다."

이게 나의 기독교 교육철학이었다.

나는 초등학교 1학년 학부모라 아직 잘은 모르지만, 청소년기 아이들이 부모와 대화하지 않는다고 들었다. 일상 대화가 없는데 하물며 신앙과 삶에 관한 대화는 하겠는가. 그러나 감히 상상한다. 영유아기 때부터 부모가 꾸준히 성경 이야기를 들려준다면, 아이가 자라면서 신앙 대화를 먼저 걸어 올 확률이 조금은 높아지지 않을까? 아빠가 이야기해 준 다윗과 골리앗 이야기가, 엄마가 떨리는 목소리로 전한 예수님 이야기가 아이들 가슴에 남을 거라는 기대, 골리앗 같은 입시에 대해 함께 고민하고 이별의 아픔 가운데서도 함께하시는 예수님께 같이 기도하게 되리라는 기대. 너무 이상적인가? 그래도 나는 그 가능성을 믿었다.

성도들 면전에서 삶의 매무새를 다듬지 않는 목회자는 없다. 강대상에서 한 말에 책임을 져야 하기 때문이다. 부모들도 마찬가지일 것이다. 주일에 한 말 때문에라도 아이들 앞에서 하나라도 더 조심하며 말씀대로 살려고 더욱 노력할 것이다. 이것이 부모에게 기대하는 바였다.

어느덧 7년이 흘렀다. 부모님들은 너무 잘해 주고 있다. 전부는 아니지만, 많은 분이 주중에 깊은 묵상과 연습을 거쳐 강단에 올랐다. 개척 당시 기어다니던 아이들은 이제 초등학생이 되어 자신의 부모가 말씀을 전할 때 환호성과 함께 손뼉을 치기도 한다. 아직 완전한 열매를 볼 때는 아니지만, 아이들도 잘해 주고 있다. 매우 잘해 주고 있다.

울며 씨를 뿌리는 자는 기쁨으로 거둔다고 시편 기자가 말하지 않았나. 예배 때 부모가 아이들에게 말씀을 전하는 것이 씨 뿌리는 작업이라고 생각한다. 그리고 믿는다. 기쁨으로 거둘 날이 반드시 올 것이라고. 그래서 우리는 매주 부지런히 한 알의 씨앗을 심는다.

"그럼 국수는 누가 삶나요?"

앞서 교회 개척 이유를 설명했지만, 사실 마음속 이야기를 전부 다 꺼낸 것은 아니다. 글로 정리하기 어려운 부분이 있고, 오해가 될까 싶어 삼킨 것도 있다. 그런데 이 이야기는 한 절 더 붙이고 싶다. 나는 아내와 아들에게 '목사 아내', '목사 아들'이라는 이름표를 떼어 주고 싶었다. 이들이 그저 하나님 앞에 한 명의 신자로 서게 하고 싶었다.

내가 목사 안수를 받을 때 아내는 20대였다. 얼마 전까지 교회 청년이었던 사람이 사랑하는 남자가 목사가 되어 버린 탓에 '사모'가 되었다. 당시 나는 30, 40대 청년부와 신혼교구를 맡고 있었는데, 이 말은 곧 내가 만나는 이들이 거의 다 아내보다 나이가 많았다는 뜻이다. 나이와 상관없이 아내는 가는 곳마다 '사모님'으로 불렸다. 그리고 그 단어 뒤에는 기대 역할이 존재했다. 목사가 다 감당하지 못하는 사람들의 이야기를 들어 주고, 눈물을 닦아 주는 등 정서적인 공급을 해 주는 사람. 특히 남편 목사가 사역을 해 나갈 때, 때로는 음식을 차리고 공간도 만들어 주는 등 뒤에서 적절하게 지원을 하는 그런 사람. 자고로 '사모님'은 그 정도의 역량이 있어야 한다는 기대가 있었다. 그 기대를 막을 수는 없지만 그 역할 수행의 선택권을 아내에게 주는 것은 내 쪽에서 할 수 있었다. 불가능한 것을 억지로 하면 탈이 나기 마련이다. 상황 때문에 탈 나는 꼴을 보고 싶지 않았다. 기회가 될 때마다 아내에게 말했다.

"내가 목사지 당신이 목사 아니야. 억지로 노력할 필요 없어. 그냥 당신 존재 그대로 자연스럽게 살면 돼."

우리 가정에는 아이가 조금 늦게 찾아왔다. 결혼하고 4년간 아이가 없었다. 그리고 개척하기 딱 1년 전에 세 식구가 되었다. 많은 분들이 진심으로 축하해 주셨다. 특권이라고 느꼈다. 내가 목사가 아니었다면 받지 못했을 사랑과 축복을 듬뿍 누렸다. 그런데 동시에 걱정도 되었다. 선배 목사님들에게 들었던 상황이 머릿속에 그려졌기 때문이다. "네가 전인철 목사님 아들이니?", "아빠가 목사님이니까 성경 많이 읽겠네? 기도도 많이 하고?", "아빠가 목사님인데 이러면 안 되지" 등. 틀린 말도 아니고 나쁜 의미도 아니다. 그러나 여러 사람에게 반복해서 듣는 이런 말이 아이에게 끼칠 영향을 생각하니 아찔했다.

목회에 있어 아내와 아이가 함께 발걸음을 맞춰 간다면, 가장 바람직한 그림일 것이다. 그런데 그림에는 단계가 있다. 우선 종이와 도구를 준비한다. 밑그림을 그리고, 잘못 그린 부분은 지우고 다시 그리기를 반복하면서 스케치를 완성한다. 이후 그 위에 색을 입히고 덧칠을 한다. 그리고 마를 때까지 기다린다. 하나의 그림은 그렇게 완성된다. 아내는 목사인(목사가 될) 남자와 결혼했을 뿐 본인이 목사가 아니다. 목회의 여정에 함께 발걸음을 맞추기로 했다면, 맞춰 가는 시간과 과정 또한 필요하다. 나는 상황과 여건 때문에 아내를 '사모'로 규정하고 싶지 않았다. 아이는 더더욱 그렇다. 어린 시절부터 '목사 아들'이란 이름표로 스스로를 가두지 않도록 돕고 싶었다. 아빠가 목사라서 주어지는 긍정 효과도 물론 있겠지만, 그 이상의 부담을 안겨 주고 싶지 않았다. 다만 두 사람에게 원하는 것은, 교회 안에서 그리고 교회 공동체 사람들 사이에서 '신자'가 되는 것이었다. 하나님을 신뢰하는 사람, 그것이 첫 번째였다. 다른 어떤 부담감이 그들에게 유입되지 않기를 바랐다.

예전에 텔레비전에서 한 시골 교회 목사님의 다큐멘터리를 본 적이 있다. 목사님이 예배를 인도하는 동안 사모님은 식당에서 국수를 삶았다. 해맑게 웃으며 성도들의 양식을 챙기는 사모님의 모습에 큰 감동을 받았다. 두 분의 목회 여정을 형언할 수 없이 존경한다. 하나님도 이 가정의 섬김을 크게 기뻐하시리라 믿는다. 그런데 나는 그 모습을 그저교회에 가져오고 싶지는 않았다.

개척을 하고 얼마 안 돼서 친구 목사님이 물었다. "교인들 점심 식사는 어떻게 하나요?" 각자 집에 가서 먹거나 다 같이 식당으로 이동할 때도 있다고 답하자 그분이 말했다. "그래도 교회에서 식사를 제공하는 것이 좋을 텐데요." 안다. 교회에서 식사를 제공하면 더없이 좋다. 그래서 내가 물었다.

"그럼 국수는 누가 삶나요?"

거의 대부분의 사람들이 사모를 제일 먼저 생각할 것이다. 하지만 나는 아내가 예배에 참여하는 쪽을 선택했다. 성도들이 돌아가며 식사를 준비하는 방법은 성도들이 부담스러워했다. 추후 교인들의 요청이 있어서 이 문제를 함께 고민했고, 결국 그저교회는 배달 음식으로 식탁 공동체를 이뤘다. 더 중요한 가치를 지키고, 그다음 중요한 것은 조금 손해를 보는 편을 선택한 것이다.

교인들에게 아내를 사모로 부르지 말고 '자매'로 불러 달라고 요청한 적이 있다. 그러나 대세를 거스르기는 쉽지 않았다. 휴가 때 찾아오는 목사님들 가정에도 불편함을 드리는 것 같았다.

"목사님, 네이버 사전에도 사모는 '목사의 아내'라고 나와요. 저희 불편합니다. 그냥 사모님이라고 부르게 해 주세요."

사전에 나온다는데 뭐라고 할 말이 없었다.

7년이 지난 지금, 여전히 조율하며 걸어가고 있다. 뒤돌아보면 잘 걸어온 것 같다. 사모라는 용어가 사용되고는 있지만, 교인들은 아내를 그저 나의 아내, 이안이 엄마로 대한다. 아내가 속상해 눈물짓는 날에는 끌어안고 토닥여 주고, 아이들 이야기를 나눌 때는 영락없이 아이 친구 엄마로 대한다. 이안이도 교회 아이들 틈에서 잘 크고 있다. 그저 아빠가 마이크 좀 많이 잡는다 생각하면서 개구지게 신앙생활 하고 있다. 개척할 때 마음속에 소원한 것이 이뤄진 것 같아 감사하다. 하나님께 그리고 함께 걸어온 교인들에게, 또 내 의견에 동조하여 더 노력했을 아내와 이안이에게 정말 감사한 마음이다.

"제가 성교육은 못 하겠습니다"

60, 70년대에는 마을에서 가장 박식한 사람이 목사였다. 고학력자가 드물던 시기에 목사는 대학을 나와야 했기 때문이 아닐까. 그래서 지식을 요하는 대부분의 일에 목사가 나섰다. 정치, 경제, 사회, 문화 전반에 있어 목사의 말에는 힘이 있었다. 80, 90년대까지 이는 크게 변하지 않았던 것 같다. 사람들의 학력은 높아졌지만 '목사에게 상담하는 일'은 빈번했다. 비단 영적인 일에 국한되지 않았다. 중요한 결정을 앞두고 목사에게 묻는 일이 자연스러웠다. 목사는 사회 전반의 다양한 지식을 최대한 많이 섭렵해야 했고, 그러다 보니 다재다능한 목사

가 많았던 것도 사실이다.

내가 사역을 시작했던 2000년대 후반에도 이런 문화는 존재했다. 어머니뻘 되는 권사님들이 기도 부탁을 하며 집안 대소사를 말씀하셨다. 물론 20대 후반의 미혼 전도사였기에 남편, 직장, 거주지 관련 이야기는 아니었다. 주로 아이들 진학이나 취업, 결혼에 관한 것이었는데, 이야기 말미에는 꼭 내 의견을 물어보셨다. "전도사님, 어떻게 하면 좋을까요?" 그럴 때면 무척이나 난감했다. 취업도 결혼도 해 본 적 없던 나는 "저도 모르겠습니다"라고 답하고 싶었다. 그러나 기대에 찬 눈빛으로 나를 바라보는 권사님들을 실망시킬 수는 없었다. 잘 기억은 안 나지만, 두루뭉술하게 둘러댔던 것 같다. 아마도 목회자는 기도를 더 많이 하고, 그렇기 때문에 실패 확률이 적은 선택을 할 거라는 믿음에서 질문을 하셨던 것 같다.

개척을 하고 1년 반쯤 지났을 때, 한 교인이 찾아와 내게 요청했다.

"목사님, 저희 아들이 내년에 초등학교에 입학하는 거 아시죠? 요즘엔 저학년 때부터 성교육을 해 줘야 한다더라고요. 아이들이 빨라졌대요. 기독교인의 관점에서 성교육을 해 주고 싶은데 목사님이 해 주실 수 있나요?"

관성적으로 "알겠다"라고 답했다. 나에게도 '목사는 뭐든 잘해야 한다'는 인식이 뿌리 깊게 박혀 있던 터였다. 그런데 하루, 이틀 곰곰이 생각할수록 견적이 안 나왔다. 기독교인의 관점은 알겠는데 성교육은 전혀 몰랐다. 나는 '성적인 욕구가 올라올 때는 밖으로 나가 운동장을 돌라'는 교육을 받은 사람이다. 힘을 빼고 나면 성욕이 사라진다고 배웠다. 그리고 '죄와 회개기도'로 이어졌다. 교회에서는 성과 관련한 죄를 말하며 죄책감을 자극했고, 반복적으로 회개기도를 교육했다. 그다음은 백지다. 더 이상 배운 것이 없다.

기독교 성교육 제안을 받았을 당시 내 아이는 세 살이었다. 아이의 성교육에 대해 고민해 본 적이 아직은 없었다. 어쩌면 내게 성교육을 요청한 그분이 나보다 이 부분은 더 오래 생각하고 더 많이 기도하지 않았을까? 물론 몇 주간 관련된 책을 읽고 유튜브 강의들을 요약해서 교육할 수도 있다. 하지만 더 좋은 것을 주고 싶었다. 결론은 간단했다. 모른다고 답하면 쉽게 해결되는 문제였다.

다음 주에 그분께 말했다.

"집사님, 저는 성교육을 못 하겠습니다. 아는 게 별로 없어요. 그런데 생각해 보니 저에게도 3~4년 후에 닥칠 문제입니다. 좋은 강사를 섭외해서 강의를 들어 보면 어떨까요?"

그분은 매우 만족해하셨다. 내 권위가 무너지는 것이 아니라 오히려 신뢰가 견고해지는 것을 느낄 수 있었다. 나는 성교육 연구소를 운영하며 아이도 키우고 있는 목사님을 찾았다. 당시 교인이 많지 않기에 지역 주민들도 초청하기로 했다. 예배 장소로 사용하고 있는 카페에 협조를 요청해 포스터를 붙이고 신청서를 받았다. 그 대신에 신청한 모든 분에게 카페에서 만든 커피와 스콘을 대접하여 카페도 금전적인 이득을 볼 수 있게 했다. 강의 당일, 카페는 지역 주민들로 가득 찼다. 교인들보다 몇 배 많은 수였다. 그날의 강의는 참석한 이들 모두를 만족시켰다. 무엇보다 고민을 가지고 참여한 교인들이 해답을 얻는 시간이었다.

우리는 이후 계속해서 세미나를 열었다. 세대 갈등, 자녀 교육, 기질에 따른 양육, 성탄리스 만들기, 책 읽기 등 각 분야 전문가를 모시고 지역 주민과 함께 이야기를 나눴다. 지역 주민들도 우리가 교회인 것을 안다. 세미나의 책임자인 내가 목사인 것도 안다. 하지만 우리의 진심은 그들에게 거짓 없이 전달되었다. 전도의 미끼가 아니라, 우리가 마련한 잔치가 성대해서 그들과 나누려 한다는 것을 믿어 주었다. 우리에게 필요한 것이 그들에게도 필요한 것이어서 감사했다. 함께 필요를 채우는 것이 기쁨이라는 것을 배울 수 있었다.

강사로 와 주신 분 중에 기질 전문가가 있었다. 그저교회는 그분 연구소와 MOU를 맺었다. 부부 사이의 갈등, 자녀 양육의 고민, 우울증과 마음의 고통은 현대 사회에 두드러지게 드러나는 문제들이다. 하지만 돈을 내고 검사 및 상담을 받는 일은 주저하게 된다. 여러 가지 이유로 그냥 참고 견디는 사람들이 많다. 그래서 교회가 비용의 반을 지원하기로 했다. 정서적인 문제는 신앙생활에도 많은 영향을 미치기에 더 나은 신앙생활을 위한 합당한 지원이라고 생각했다. MOU로 할인된 금액에, 교회가 반액을 지원하니 꽤 많은 가정에서 검사와 상담을 받았다. 목사도 개인 내면의 문제에 대한 상담이 가능하고, 이를 위해 기도해 줄 수 있다. 그러나 전문기관과 동역할 때, 훨씬 실제적인 도움을 줄 수 있다.

교회 내외 전문가들과 함께하는 데는 믿음이 필요하다. 곧, 하나님께서는 목사인 나뿐 아니라 나보다 더 나은 이들을 통하여 교회를 세우신다는 믿음이다. 하나님의 일하심을 보기 위해서는 우선 목사가 다 하려는 마음을 내려놓아야 한다.

그때 하나님이 시의적절하게 최고의 전문가들과 함께 사역하는 길을 여신다. 하나님의 일은, 못하는 것은 못한다고 말할 수 있는 '용기'에서 시작된다고 나는 믿는다.

수요 온라인 기도모임

나는 성도들의 자발성을 중요하게 생각한다. 물론 신앙생활에 있어 누군가의 권함은 반드시 필요하다. 나도 부모님이 이끌어 주셔서 교회학교에 출석했고, 교회 선배들의 권유로 교회학교 교사를 시작했다. 그러나 신앙생활의 연차가 쌓여 가면서 권유에 의한 결정은 점점 줄어들었다. 자원해서 수련회에 참석했고, 스스로 성경공부 모임에 지원서를 냈다. 누군가의 권함 없이도 자발적으로 교회 활동에 참여하게 되었다. 교회를 이끄는 이의 관점에서 보면 이러한 변화는 긍정적으로 보인다. 하지만 한편으로 이것은 나이가 들고 신앙생활의 연차가 쌓일수록 외부의 권유로는 쉽게 움직이지 않는다는 뜻이기도 하다.

스스로 내켜야 움직이게 된다. 마음이 동해야 기도도 하고 말씀도 읽고 봉사도 한다. 마음이 움직이지 않은 상대에게 강요를 하면 오히려 역효과가 난다. 생기 있게 살아가려고 교회 왔다가 탈진해서 돌아가는 이들을 다수 봤다. 여기서 교회와 목회자의 역할이 중요하다. '자발성'이 중요하다 하여 가만히 있어서는 안 된다. 교인들의 마음이 동할 수 있도록 본을 보이고, 그들이 준비되었을 때 참여할 수 있는 장을 꾸준히 마련해야 한다.

길지 않은 지난 목회의 여정 가운데 나도 성도들을 강하게 끌었던 적이 있다. 구역장을 권할 때, 봉사의 자리와 특별새벽기도에 초대할 때, 좋은 기회이니 반드시 수락하기를 바란다며 강권했었다. 착한 성도들은 때마다 마지못해 응했지만, 강한 권면으로 행한 것들은 오래 가지 않았다. 때가 있다. 각 사람의 때를 기다려 주고, 때가 되었을 때 함께 뛰어 주는 것이 내가 생각하는 이상적인 목회다.

교회를 개척할 때, '공동기도모임'을 꼭 만들고 싶었다. 일반적으로 수요일 저녁 시간이 한국교회의 공동기도모임 시간이지만, 우리 교회 구성원은 그 시간에 교회에 모이는 것이 물리적으로(퇴근, 영유아 육아, 거리) 쉽지 않았다. 게다가 공간도 없었다. 그럼에도 시간이 지날수록 공동기도모임에 대한 갈증이 내 안에 더해 갔고, 결국 수요예배를 드리지 않는 지역 교회 공간을 빌렸다. 교인들의 상황이 여의치 않은 것을 알면서도 교인들을 초청했다. 내가 기도에 갈급했기에 교인들도 나와 같을 거라 생각했다. 그러나 막상 모임을 시작하니 나 혼자 기도하는 것을 안쓰럽게 여긴 한두 명이 찾아올 뿐이었다. 그리고 몇 달이 지나 코로나가 찾아왔다. 그렇게 수요 기도모임은 중단되었다. 코로나라는 명분이 있었지만, 엄밀히 말해 교인들의 참여 부족으로 중단된 것이다.

나는 두 가지 생각 사이에서 번민했다. '주중에 공동으로 기도하는 것은 우리 교회에 반드시 필요한 일이다. 하지만 성도들은 수요일 저녁에 모이지 않는다.' 아, 이를 어떻게 해야 하는가! 고민을 이어 가다가 수요 기도모임을 온라인으로 돌렸다. 온라인이었기에 시간에 구애를 받지 않고 우리의 형편대로 모일 수 있었다. 아이를 재우고 방해받지 않는 시간을 따져 보니 밤 10시였다. 어린아이를 키우는 가정이 대부분인 것을 고려할 때, 온라인은 우리가 모일 수 있는 최적의 환경이었다. 평균적으로 교인 40~50%가 꾸준히 참석했다. 특별히 권하지 않아도 '자발적으로' 각자의 공간에서 함께 기도했다.

코로나 종식이 선언된 이후, 온라인을 유지하면서 한 달에 한 번 현장에 모이는 기도모임을 만들었다. 기도제목을 나누고, 함께 찬양하고, 서로의 기도와 찬양 소리에 힘을 받자고 했다. 참석 인원은 평균 20%였다. 가치 순위에서 밀린 것일 수도 있고, 모임이 기대에 못 미쳤을 수도 있다. 일일이 물어보지는 않았지만, 그저교회 교인들은 오프라인 공동기도모임보다 온라인 공동기도모임을 더 선호한다. 현장이 주는 기대 효과가 있는지라 나는 내심 아쉽다. 그래도 우리 교회 교인들이 자발적으로 선택한 모임은 온라인 모임이다. 그들의 선택에는 이유가 있을 거라 생각한다.

온라인 기도모임에 대한 비판이 있을 수 있다. 그런데 기도하지 않는 것보다는 훨씬 나은 것 아닐까. 나 역시 비판을 염려했다. 걱정이 된 것도 사실이다. 참석하는 사람마저 없으면 감당해야 할 몫은 더 커질 것이었다. 속된 말로 '삽질'하는 것처럼 보일 수 있으니 말이다. 그러나 당장 드러나는 결과가 두려워서, 혹은 결과에 실망해서 삽을 내려놓는다면, 그때야말로 그저교회가 문 닫는 날이다.

목사로서 교인들에게 본을 보이고, 신앙의 진보를 위한 다양한 기회를 모색하고 있다. 같이 책을 읽고, 영화를 보고, 강사를 초청해서 강의를 듣는다. 교인들의 때가 지금이기를 바라며 그들의 몸에 맞는 옷을 부지런히 만들고 있다.

목사도 심방받고 싶다

봄과 가을에는 많은 교회에서 대심방을 한다. 각 가정마다 찾아가 예배를 드리고, 기도제목을 묻고, 다과를 나누는 귀한 자리다. 목회자가 살이 찌는 시기이기도 하다. 정성스레 대접하는 손길에 감사하며 준비하신 음식을 다 먹고 나오는 것이 기본 예의이기 때문이다. 선배 목사님들께 들은 전설 같은 이야기들이 있다. 할머니뻘 되는 권사님이 맥심 커피를 사발에 타주셔서 벌컥벌컥 다 마시고는 밤을 꼴딱 샜다는 이야기, 하루에 8~9끼를 먹느라 방문하는 집 앞에서 계속 소화제를 씹었다는 이야기, 새로 산 정장이 일주일 만에 터졌다는 이야기

등. 약간의 MSG가 섞이기는 했겠지만, 대심방이 많이 만나고 많이 나누고 또 많이 먹는 시간인 것은 맞다.

그런데 오늘날은 이런 무용담이 드물다. 먼저, 집을 개방하는 가정이 예전만큼 많지 않다. 그래서 집 대신 카페나 식당에서 심방을 받는다. 단순히 집을 정리하고 청소하는 것이 번거로워서가 아니다. 시대가 변하며 문화 자체가 달라진 것이다. 더 이상 옆집 윗집 아랫집의 대소사를 서로 알고 지내는 분위기가 아니다. 그러니 더더욱 대심방이 귀하다. 어찌되었건 부부 사이에 또 자녀들에게 어떤 어려움이 있고, 무슨 기도 제목이 있는지, 무엇보다 하나님과의 관계가 어떠한지 폭넓게 파악할 수 있는 공식적인 만남이기 때문이다. 집 안에서 만나는 게 어려워졌다 해도 만날 수 있으니 그게 어딘가.

그저교회는 30, 40대 부부 중심으로 모이고 있다. 아무리 교인 수가 많지 않다 해도 교회에서 깊은 대화를 이어 가기란 쉽지 않다. 이야기를 좀 하려고 하면 아이가 울거나 멀리 뛰어간다. 아이를 달래고 쫓아가느라 대화의 흐름이 뚝뚝 끊긴다. 그래서 대심방은 꼭 해야만 하는 일이었다. 작정하고 만나지 않으면, 서로를 깊이 알기란 불가능했다.

교인들과 시간을 맞추는 일에서부터 어려움이 있었다. 직장 생활을 하는 나는 저녁 시간이 편했지만 어린아이가 있는 엄마들은 대부분 낮 시간을 선호했다. 수요일과 금요일 낮에 엄마들을 만나고, 저녁에는 아빠들과 아이가 없는 가정을 만날 계획을 세웠다. 혼자 감당하기에 빡빡한 일정이었다. 처음에는 누군가가 나를 좀 도와주면 좋겠다는 생각을 했다. 그러다가 그 생각이 다른 쪽으로 튀었다. '아, 나도 누가 격려해 줬으면 좋겠다. 나도 심방받고 싶다.' 나도 직장 생활에서 오는 스트레스가 있고, 가정에서 생기는 문제가 있다. 목회와 일을 병행하면서 겪는 개인으로서의 어려움이 있다. 이런 이야기는 목사들끼리 나누어야 하는 것일까? 나는 그렇게 생각하지 않는다. 함께 몸 된 교회에서 나눠야 한다고 생각한다. 목사라도 말이다.

곰곰이 생각해 보니 안 될 이유가 없었다. 목사에게도 신앙의 고저가 있다. 때로는 지치고, 피곤하고, 귀찮기도 하다. 아니, 탐심과 시기의 마음으로 회칠한 무덤처럼 신앙생활을 할 때도 있다. 의무적으로 말씀을 봐야 하고, 기도의 자리를 이끌어야 하기에 조금 더 빠르게 회복될 뿐이다. 만약 내 신앙의 안녕을 묻고 나를 위해 기도해 주는 누군가가 있다면, 조금 더 하나님께 신실할 수 있을 것 같았다. 맞다. 나도 심방이 필요했다.

"저도 심방을 받고 싶습니다."

교인들에게 말했다. 이상한 목사라고 생각했을지 모르겠으나 진실한 마음이었다. 그리고 이렇게 제안했다.

"여러분, 우리 다 같이 대심방 합시다. 용기를 내서 서로에게 '신앙 데이트'를 신청합시다. 제가 규칙을 정해 드릴게요. 만나서 이야기를 나눠도 좋고, 영화를 봐도 좋고, 운동을 해도 좋습니다. 단, 반드시 서로의 신앙생활을 묻고 마무리할 때는 함께 기도하십시오. 인당 1만 원씩 심방비도 지원해 드리겠습니다."

대성공이었다. 용기를 낸 소수의 사람들로 인해 만남이 거미줄처럼 엮이기 시작했다. 목사가 일방향으로 한 명 한 명 심방하는 형태에서, 서로가 서로를 심방하는 식으로 바뀌었다. 대부분 커피를 마시거나 밥을 먹었고, 사진을 찍어 단체 카톡방에 올리면 모두 그 만남을 축복했다. 매년 목사인 내가 가장 많은 사람들을 만난다. 그런데 그 만남 가운데는 데이트 신청을 받은 것도 있다. "목사님, 신앙 데이트 하시겠어요?"

올해는 아이들도 심방비를 지원했다. 충분히 기도제목을

나눌 수 있는 나이가 되었기 때문이다. 또 부부 간 만남도 지원에 포함시켰다. 부부 사이에 신앙 이야기를 나누는 이들이 많지 않다는 것을 알았기 때문이다.

    매년 봄과 가을, 수년째 신앙 데이트가 진행 중이다. 사실 우리는 매일매일 서로의 신앙을 지원하고 또 견인하며 교회를 이뤄야 한다. 그러나 그게 쉽지 않다면, 기간을 정해서라도 노력하고 도전해야 한다. 2025년 가을, 그저교회는 신앙 데이트가 진행 중이다. 안녕하지 않은 이들이 하나님을 의지하여 서로의 안녕을 묻고 있다. 거룩한 거미줄에 묶인 이들이 하나님의 은혜 가운데 단단히 묶일 것을 믿음으로 소망한다.

"저는 150만 원으로 못 삽니다"

개척과 동시에 직장 생활을 시작한 나는 주 4일 회사에 출근하고, 하루는 꼬박 교회 일을 했다. 주 4일치 월급은 세 식구가 생활하기에 부족했다. 그래서 개척 후 한두 달쯤 지났을 때, 교회에 정식으로 제안을 했다.

"하루에 대한 생계비를 보조해 주십시오."

그때를 떠올려 보면, 교인들도 난감하지 않았을까 싶다. 어디서도 경험해 본 적 없는 일이었을 테니 말이다. 그들은 시간을 달라고 했다. 확실하지는 않지만 각자 아는 교역자에게 문의를 했던 것 같다.

"목사님, 죄송하지만 30만 원을 드려도 될까요?"

그들은 연신 미안해했다. 그런데 나도 딱 그 정도가 적합하다고 생각했다. 그 이상은 교회 재정에서 감당하기 어려운 금액이었고, 개척교회가 그 정도면 후하게 책정한 것이라 여겼다.

첫해에 꽤 많은 사람이 교회를 방문했다. 등록으로 이어지기도 했다. 새신자들 대부분은 내가 교회 재정에서 30만 원의 지원을 받고 있다는 사실을 잘 몰랐다. 분기마다 정기회의(일반적으로 교회에서 '공동의회'라고 한다)를 했지만, 목회자 사례에 대해서는 이야기를 나누지 않았기 때문이다. 나는 매달 30만 원의 생계 보조금을 받으며 평일 중 하루는 교회 업무를 했다. 나는 이 금액을 '목회자 생활 지원금'이라 불렀다. '주 1회 교회 업무로 생계를 위한 노동을 할 수 없으니 교회 공동체가 담임목사 가정의 생계를 지원해 주는 책임', 그 책임을 '지원금'이라고 칭한 것이다. (최근에는 사회적인 언어에 발맞추기 위해 '사례비'라 부르기로 했다.)

연말 정기회의에서 나는 다음 해에 받을 '목회자 생활 지원금'을 하나의 안건으로 올렸다. 동결 혹은 증액에 관한 회의를 막 시작하려고 할 때, 한 분이 손을 들고 말했다.

"목사님, 요즘은 저희 회사에서도 주당 일하는 시간이 정해져 있습니다. 그 이상 일하면 불법입니다. 목사님이 가족과의 시간이 귀하다고 하셨잖아요. 목사님, 그래서 야근은 아닌 것 같습니다. 매주 야근을 하시는 것 같던데, 저는 목사님이 회사를 주 3일 다니면 좋을 것 같습니다. 하루 더 교회가 책임지겠습니다."

짜릿했다. '책임'이라는 단어를 교인들 입에서 들은 첫날이었기 때문이다. 나는 그 자리에서 이야기했다.

"네, 좋습니다. 내일 출근해서 회사 대표에게 면담을 신청하겠습니다. 교회 일을 하루 더 해야 해서 주 3일 출근해도 되겠냐고 물어보겠습니다."

회사가 받아들일지 아닐지 알 수 없었지만, 이렇게 조율해 나가는 과정 자체에서 카타르시스를 느꼈다. 근무 일수에 관한 이야기를 마치고, 나의 '목회자 생활 지원금'을 설명했다.

"저는 평일 중 하루는 교회 업무를 해 왔습니다. 하루치 생계비를 교회가 지원해 주는 개념으로 30만 원을 받고 있는데요, 여러분이 상의하셔서 동결 혹은 증액을 결정해 주세요. 저는 아무래도 나갔다 오는 게 좋겠죠?"

그때 다시 한 분이 손을 들었다. 신앙생활을 시작한 지 얼마 안 된 분이었다. 정확히 말하면 고등학생 때까지 신앙생활을 하다가 출석하던 교회 전도사에게 상처를 받고 교회를 떠난 분이다. 아내는 신앙생활을 하지 않고 딸과 함께 교회에 오셨는데, 그분이 이야기를 하려고 한 것이다.

"여러분, 저는 목사님이 30만 원 받고 있는 줄 몰랐습니다. 그런데요, 단순하게 생각했을 때 하루치 지원금이 30만 원이면 5일에 150만 원입니다. 개척교회 목사 가정은 150만 원으로 생활이 가능합니까? 저는 도저히 못 살 것 같은데요. 이 지역에서 3인 혹은 4인 가구가 한 달을 살려면 최소 얼마가 있어야 하나요? 저는 아무리 적어도 300만 원은 있어야 될 것 같습니다. 여러분은 안 그러세요?"

분위기가 순식간에 얼어붙었다.

"선교도 하고 구제도 한다면서요. 그런데 교회 안의 우리 식구도 안 챙기면서 무슨 선고고, 무슨 구제입니까. 우리 다른 거 줄이고 60만 원으로 올립시다. 이틀이면 120만 원이 되겠네요. 우리 그렇게 합시다."

충격이었다. 그러나 분위기는 급격히 그분의 의견에 동의하는 쪽으로 기울었다.

그날 우리 모두를 놀라게 한 것은 접근 방식이었다. '원래 그렇다'에 저항하자고 했지만 나 역시 '개척교회니까' 어쩔 수 없다는 생각에서 벗어나질 못했다. 그런데 들어온 지 얼마 안 된 한 지체가 '한 사람의 생존, 한 가정의 삶'이라는 접근으로 교회를 바라보았다. 교회가 해야 할 많은 일 중에 사람을 챙기는 것이 가장 중요한 것 아니냐는 외침에 모두가 적잖이 충격을 받는 시간이었다.

'외부에서 불어온 바람이 갱신을 가능하게 하는구나.' 그날 우리는 그저교회 역사에 한 문장을 똑똑히 적었다. 외부의 시선, 낯선 시선을 환영하자. 그렇게 내부를 순환시키자. 때로는 어린아이의 장난스러운 물음, 새신자의 엉뚱한 질문, 비신자들의 날 선 비판, 거기에 교회를 새롭게 하는 새 양식이 존재할 수 있음을 기억하기로 했다.

그리고 결과적으로 회사는 주 3일 근무를 흔쾌히 허락해 주었다. 월, 화, 목요일에는 회사에 출근하고, 수요일과 금요일은 교회 업무를 하는 것이 지금까지 나의 일상이 되었다. 물론 야근은 지금도 한다. 두 가지 직업을 가진 사람의 어쩔 수 없는 숙명이다. 그럼에도 야근이 싫지 않은 것은 하나님께서 베푸시는 야근 수당이 쏠쏠하기 때문이다. 사도행전 20장에서 바울이 에베소 교회 원로들을 불러 한 말이 조금은 이해가 간다. 자신이 달려갈 길을 자신의 생명과 비교할 정도로 귀하게 여긴 것은 그 길이 기뻤기 때문 아닐까. 바라기는 매년 더 아름다운 이야기가 그저 교회 안에 쌓여 갔으면 한다. 주와 같이, 교회와 같이 길 가는 것 즐거운 일 아닌가!

만약 장례가 난다면

교인 중에 아버지 추도예배를 매년 드리는 분이 계셨다. 예배 인도지를 부탁하셨고, 정성스럽게 만들어 챙겨 드렸다. 그런데 문득 '교회 안에 장례가 나면 어떻게 하지?' 싶었다. 급한 성격 탓에 마치 다음 주에 장례 준비를 해야 할 사람처럼 이것저것을 생각했다. 찬양은 이동식 스피커에 usb를 꽂아 틀 수 있었고, 예배 순서지는 이전 교회에서 만들어 놓은 것이 있었다. 가장 대책 없는 것이 조기(弔旗)였다. 아직 조기가 없었다. '그저교회'라고 적혀 있으면 엄중한 분위기에 불필요한 질문이 오갈 것 같아 한자나 영어로 적어 볼까도 생각했다. 반

나절 고민 끝에 그냥 한글로 주문했다. 일주일 후 큰 박스가 도착했다. 깃발을 조립하고, 문제가 없는지 흔들어 봤다. 사진을 찍어 교인들에게 공유했다. 장례가 나도 대처할 수 있으니 걱정하지 말라는 일종의 사인이었다.

그런데 한 가지 빼먹은 것이 있었다. 그저교회가 주관할 경우, 내가 3~4일의 시간을 내야 한다는 것이었다. 평일에 직장을 다니는 몸이라 연차를 사용해야 하는데, 연차를 계산해 보니 (연차를 모조리 장례에 사용한다는 전제하에) 1년에 서너 가정의 장례를 집례할 수 있었다. 장례가 난 상황을 상상해 봤다. 먼저 회사에 연락해서 당장 오늘부터 3일간 출근이 어렵다는 것을 말해야 한다. 여기서 고려해야 할 것은 회사 업무상 여름성경학교 강습회로 바쁜 6월은 피해야 한다는 것이다. 신학교에 찾아다녀야 하는 4, 5월도 피할 수 있으면 좋다. 사람의 생사가 인간의 뜻대로 되는 것이 아니기에 절로 기도가 나왔다. '하나님, 6월에는 장례가 안 났으면 합니다. 하나님도 제 상황 아시잖아요. 6월은 너무 바쁩니다. 저 대신 일할 사람도 없습니다.' 너무 멀리 간 상상 같지만, 개척교회 담임목사로 있으면 대부분 이렇다. 모든 상황을 대비해야 한다. 그래야 교인들에게 폐가 되지 않는다. 내 상상은 여기서 마무리되었다. 아슬아슬하지만, 그래도 교회 장례에 대처할 수 있을 정도는 된다고 생각을 정리하며.

실제로 교인 가정에 장례가 난 적이 있다. 교인의 할아버지였는데, 할아버지 밑에서 자란 분이라 그에게는 아버지와도 같은 존재였다. 담담히 말했다. "모든 준비가 되어 있습니다. 가족과 상의한 후 연락 주십시오." 이미 머릿속으로 장례 시뮬레이션을 마쳤다. 한두 시간 후에 전화가 왔다. "목사님. 이모부님과 상의했고, 이모부님이 출석하시는 교회에 부탁드리기로 했습니다. 마음 써 주셔서 감사합니다." 이모부가 출석하는 교회는 규모가 큰 교회다. 아무래도 여러 면에서 그 교회가 주관하는 것이 더 좋을 것 같았다. 교인들에게 장례 일정을 공유하고 위로예배를 준비했다. 누가 올 수 있는지 확인하지 않고 장례식장에 도착했는데, 대부분의 교인이 아이들과 함께 식장에 와 있었다. 위로예배는 성도들의 찬양 소리와 기도 소리로 온기를 뿜어냈다. 제집 안방마냥 의자 밑을 기어 다니던 아이들은 마치 잔칫집에 온 것처럼 과일과 오징어, 땅콩을 집어 먹었고, 교인들은 한동안 식장의 공기를 공유하며 위로의 대화를 나눴다.

두 가지 감정이 내 안에 공존했다. 먼저는 미안함이었다. 만약 그저교회가 장례를 주관했다면 규모가 큰 교회가 할 수 있는 만큼의 섬김을 다 하지 못했을 것 같아 죄송했다. 장례 담당 부서가 있는 교회처럼 일사불란하게 움직일 수 있었을까? 운구위원, 찬양대원이 부족함 없이 장례 순서를 채울 수 있었을까? 직장인이기도 한 내가 어려움 없이 3일을 섬길 수 있었을까? 이런 생각을 하는 것 자체가 미안하고 또 미안했다. 동시에 교인들에게 고마웠다. 마치 자기 집안 장례처럼 한걸음에 달려온 이들, 수는 적지만 온 마음으로 드린 위로예배에는 감동이 있었다. 숫자와 규모는 중요하다. 하지만 그에 못지않게 진심에는 힘이 있다. 나는 그날 한 명 한 명의 진심을 보았다. 이렇게 진심을 다한다면, 정말 교인 중 누군가 상을 당한다 해도 우리가 그 모든 과정을 주관하겠다고 당당히 말할 수 있을 것 같다.

교인 가정의 장례는 주로 할아버지, 할머니 장례다. 아직까지는 찾아가서 마음을 나누는 정도로 한 해 두 해를 보내고 있다. 언젠가 부모님을 천국에 보내드리는 가정이 나올 수도 있다. 그때를 알지 못하는지라 나는 연차를 거의 사용하지 않는다. 매년 장례 자료도 한 번씩 점검한다. 촘촘하게 준비를 한다 해도 작은 교회의 물리적인 한계는 분명 존재할 것이다. 그래서 함께 교회를 이룬 형제 자매의 사랑에 더 기대게 된다. 이것마저 없다면 무슨 의미가 있을까. 아니, 돌아보니 이것이 전부다. 그저교회의 장례는 적은 인원이 전심으로 울고, 또 위로해 줄 수 있는 그런 장례가 되어야 한다. 기댈 수밖에 없는 것이 가장 중요한 것이라 참 다행이다.

그냥 규모가 작은 교회입니다

교회를 개척하고 반년쯤 지났을 때, 한 대형교회의 여전도협의회에서 연락을 주었다. "목사님, 시간 되실 때 한번 만날 수 있을까요?" 나의 모교이자 현재 나의 부모님이 출석하고 계신 교회였다. 그렇게 여전도협의회 회장님과 부회장님을 만났다. 교회에 대한 이런저런 이야기가 오간 후에 회장님이 용건을 꺼내셨다.

"저희가 목사님이 개척하신 교회를 매달 후원하기로 했습니다. 계좌를 알려 주시면 소정의 금액을 후원하겠습니다."

언젠가 이런 날이 올 줄 알았다. 일단 거절을 했다.

"권사님, 마음은 너무 감사합니다만 저희가 아직 후원받을 준비가 안 되었습니다. 내년쯤 다시 연락드려도 될까요?"

나의 거절에도 권사님은 재차 권하셨다. 이미 1년 예산을 다 정해 놓았고, 선교의 마음으로 하는 것이니 좋은 마음으로 받아 달라는 것이었다. 난감했다. 후원하는 곳도 후원을 받는 우리도 기쁨과 감사로 주고받으면 될 일이었지만, 무언가가 나를 불편하게 했다. '하나님, 너무 거절하는 것도 예의가 아닌 것 같은데 제 속의 이 불편함은 뭐죠?' 그렇게 속으로 기도하고 있을 때, 내 입에서 나온 말이 내 불편함을 해소시켰다.

"권사님, 좋습니다. 그러면 저희에게 여전도협의회 기도 제목을 알려 주십시오. 저희 기도제목도 정리해서 곧 보내 드리겠습니다. 일방적인 후원이 아니라 상호 교류하는 것이 어떨까요?"

쥐뿔도 없는 목사, 개척한 지 반년도 채 안 된 교회가 후원하겠다는 단체에 당돌한 제안을 한 것이다. 여전도협의회 1년 예산은 그저교회 예산보다 훨씬 많다. 인원은 말할 것도 없다. 그러니 '주고받는 관계'란 애당초 불가능한 일일 수 있다. 하지만 내 생각은 달랐다. 학교에서 배우기로 우리는 '우주적 교회'를 이루고 있으며, 모든 교회가 주 예수 그리스도를 머리로 둔 하나의 교회다. 규모와 지역, 형태는 다를 수 있지만, 결국 하나님이 주인 되신 하나의 교회다. 그러니 이제 막 개척한 규모가 작은 교회라 할지라도 대형교회 여전도협의회와 연대하고, 또 주고받을 수 있다고 생각했다. 이건 자존심과 체면의 문제가 아니었다. 교회 됨의 원칙을 지키는 일이었다. 나 역시 받기만 하는 위치에 안주해서는 안 되었고, 교인들에게도 그래서는 안 된다고 가르칠 일이었다. 그래서 우리가 나눌 수 있는 '기도의 몫'을 최선을 다해 나누기로 결심했다.

기도제목을 주고받는 중에 여전도협의회의 가장 큰 행사인 바자회가 진행된다는 것을 알게 되었다. 나는 권사님께 그저교회도 동참하겠다고 말씀드렸다. 판매 부스는 20개가량이었다. 가히 대규모 장터였다. 당일 바자회 요원으로 참석한 그저교회 교인은 아이들 포함 6명. 하나의 부스를 맡기에도 적은 인원이었지만, 할 수 있다고 우겨서 찐 옥수수 부스를 맡았다. 여전도협의회에서는 '그저교회'라는 현수막도 커다랗게 붙여 주셨다. "국내산 홍천 옥수수가 2개에 3천 원입니다!", "달고 맛난 찐 옥수수가 여기 있습니다!" 그렇게 하루 종일 찐 옥수수를 팔았다.

무슨 도움이 되었겠나. 실질적으로는 있어도 그만 없어도 그만이었을 것이다. 그래도 그날의 경험은 컸다. 우리는 여전도협의회 기도제목에 온 마음으로 반응했고, 여전도협의회는 그런 우리를 하나 된 교회로 여겨 주었다. 규모가 작은 교회도 큰 교회와 친구가 될 수 있다는 확신을 가진 날이었다.

이때의 경험을 교훈 삼아 많은 시도를 해 왔다. 여전도협의회와 매년 12월에 연합예배를 드리고 있고, 연중에 반찬을 만들어 미혼모 단체에 배달도 한다. 후원금을 받기만 했으면 결코 이룰 수 없었을 교회 간 아름다운 연합이다.

인식의 전환은 쉽지 않다. 개척한 지 7년이 지난 지금까지도 "저희 교회는 개척교회인데요…" 하는 분들이 있다. 그때마다 나는 그 말을 곱게 정정한다.

"아이고, 개척한 지 7년이 되었는데 아직까지 개척교회면 어떻게 합니까? 그저교회는 그냥 규모가 작은 교회입니다."

이렇게 이야기하면 교인들도 내가 무슨 말을 하는지 단번에 알아차린다. 규모, 예산, 구성원들의 나이와 성비, 장애와 비장애… 그 무엇도 하나의 개교회로서 역할을 해 나가는 데 장벽이 될 수 없다. 단지 우리의 인식이 벽을 치고 가로막을 뿐이다.

그저교회가 향후 어떤 교회가 될지는 아무도 모른다. 그러나 변하지 않는 사실은 하나님께서 주인 되시고 그리스도 예수께서 머리 되시며, 성령님께서 역사하신다는 것이다. 그렇기 때문에, 그렇기 때문에 그분이 이끄시는 대로 도전하며 교회 될 수 있다. 어쩌면 개교회의 성장이 제일 중요한 교회 동력이 되어 버린 오늘, 모두 다 같이 하나님의 나라를 지어 가는 꿈을 꾼다. 받고 또 나누면서 그렇게.

공개적인 교회 일기

평촌에서 개척을 하기로 결정한 건 나고 자란 곳이기도 했고, 무엇보다 개척 멤버가 이곳에 있다고 생각했기 때문이다. 안양에서 3년간 청년부와 신혼교구를 맡은 적이 있다. 한 시절을 함께 보낸 이들 중에 나와 뜻을 같이할 사람들이 있을 거라는 기대감이 있었다.

    누군가 개척을 준비 중이라면, 아는 사람이 있는 지역을 고려하라고 말하고 싶다. 처음을 함께하는 몇 사람이 귀하다. 그들이 교회를 지속 가능하게 한다. 물론 일부러 기반이 전혀 없는 곳을 찾아 비신앙인만을 전도하는 이들도 있다. 그런 분들을 진심으로 존경한다. 그럴 수 있다면, 그 같은 소명을 받았다면, 그 길을 믿음으로 걷는 것은 무척 귀한 일이다. 그런데 나는 돕는 손길이 필요한 사람이었다. 시작을 함께하며, 함께 말씀을 묵상하고, 함께 기도제목을 나누고, 함께 밥을 먹고, 함께 아이를 키울 사람들이 필요했다. 내가 그런 사람이라서, 나를 신뢰하고 나의 손을 잡아 줄 사람이 있는 곳에 터를 닦고 교회를 시작했다. 나와 비슷한 목회자라면, 낯선 지역보다는 아는 사람이 있는 지역에서 교회를 시작하는 것이 조금 더 낫다.

그저교회의 시작은 세 가정이었다. 그런데 단 세 가정이 모였음에도 전도에 대한 생각은 하지 못했다. 일단 고정된 장소가 있는 것도 아니고, 영유아가 3명이나 있다 보니 누군가를 반길 만한 여유가 없었다. 그래서 세 가정이 신앙과 삶을 나누는 것에 집중했다. 다만 그 여정을 남기고 싶어 페이스북과 인스타그램에 일기를 썼다. 처음부터 개척의 역사를 기록하겠다는 각오는 아니었지만, 하다 보니 나름 충실한 기록물이 되었다. 응원의 댓글과 '좋아요'를 보면서 힘을 얻었고, 나아갈 방향을 모색했다. 그저교회의 성장 과정이 실시간으로 보고된 셈이다.

개척 1, 2년 차에 많은 이들이 교회를 방문했다. 그리고 그들 중 일부가 교회의 일원이 되었다. 지금 생각해 보면 온라인에 꾸준히 올린 글과 사진이 사람들에게 안정감을 준 게 아닌가 싶다. 물론 시간이 지나, "목사님이 아주 없는 이야기를 쓰신 것은 아니나 글과 사진에 낚였던 것 같다"라고 당당히 고백한 분도 있다. 최근에는 SNS 메시지를 통해 교회 위치와 정보를 묻는 분들도 있고, 실제로 교회에 찾아와서 예배를 드리신 분들도 있다.

가전제품을 장만할 때 많은 사람들이 몇 개의 특정 브랜드 안에서 고민을 한다. 브랜드는 안정적으로 제품을 사용할 수 있다는 보장이 된다. 그중에서도 유명 브랜드는 아무리 못해도 중간 이상은 간다는 신뢰를 준다. (교회를 제품 브랜드와 비교하는 것에 이견이 있을 수 있지만) 그저교회는 아무도 모르는 무명 브랜드다. 정보가 없으니 직접 보고 확인할 수 있어야 하는데, 만약 그것이 어렵다면 온라인에 사용기라도 많이 올라와야 한다. 그래야 안심하고 택할 수 있다.

그런 점에서 교회를 찾는 이들에게 교회를 알리는 것은 분명 필요한 일이다. "여기 교회가 있습니다. 신앙을 함께 생활

하는 공동체가 있습니다!" 소리를 내야 찾는 사람들의 귀에 들린다. 가만히 있는데 누가 찾아오겠나. 건물도 없는 교회의 존재를 사람들이 그냥 알아줄 거라는 생각은 엄청난 오산이다. 최소한의 정보라도 제공되어야 그 존재를 알 수 있고, 지속적으로 소리를 내야 사람들이 안심한다. 여기서, 나는 전도와 교회를 알리는 것을 구분하고 싶다(기능적인 측면이 혼재한다는 것을 부정할 수는 없다). 주 예수 그리스도를 전하는 것과 교회를 소개하는 것은 별개의 일이다. 그러나 교회가 소개되어야 함께 신앙생활을 할 사람들이 모인다.

그저교회에 등록한 대부분의 사람들이 원래 신앙생활을 하던 이들이다. 그리고 그중 대다수가 신앙에 회의와 고민을 안고 있거나, 신앙의 자리를 떠났던 사람들이다. 나는 이들에게 교회를 소개하고 그들의 마음을 두드렸다. 함께 고민하자고, 함께 교회가 되자고. 그리고 이런 외침이 단지 구호에 그치는 게 아니라는 것을 보여 주기 위해 꾸준히 SNS에 교회 활동 모습을 담았다. 이상적인 목표를 제시하는 것은 누구나 할 수 있다. 하지만 그 이상을 현실에 뿌리내리기란 쉬운 일이 아니다. 서툴지만 꾸준하게 노력하는 이들이 있다는 것을 알리고 싶었다. 그래서 SNS에 교회 일기를 써 내려갔다.

이런 교회의 행보를 부정적으로 바라보는 시선도 있다. 마케팅에 빠진 교회가 되는 것 아니냐, 결국 교회 자랑하는 것 아니냐…, 이런 염려와 오해의 말들을 들을 때면 주춤하게 된다. 그리고 내 마음의 동기를 되돌아본다. 결론적으로 나는 교회 일기를 계속 쓸 생각이다. 우리 살아가는 모습을 공유하면서 교회를 더 많이 알릴 계획이다. 내 마음의 동기가 불순하다면 그것은 하나님 앞에서 교정하면 된다.

오늘도 소리를 낸다. "여기 교회가 있습니다! 함께 교회가 됩시다!"

십일조를 말하다

교회가 1주년이 되는 날, 해서는 안 되는 일을 했다. 자고로 개혁적인 교회와 그 교회의 목회자가 하지 말아야 할 이야기가 있는데, 바로 '십일조'다. 통상적으로 십일조를 강조하는 것은 교회 유지를 위한 목사의 사심을 노골적으로 드러내는 일이라 여겨진다. 따라서 십일조를 설교나 강의에 녹여서 언급한다면, 그건 깨어 있는 그리스도인들에게 정죄받아 마땅한 일이라 할 수 있다. 그런데 그저, 교회가 되겠다고 교회를 개척한 목사가 1년 만에 십일조 카드를 들고 왔으니, 이것은 망조라 할 수 있지 않겠나.

하지만 이는 벼르고 벼른 일이었다. 나는 개척하기 전부터 이 이야기를 잘 준비해서 나누고 싶은 마음이 있었다. 그래서 1주년 기념일에 예배를 마친 후 '십일조 세미나'를 열었다. 나는 십일조와 관련된 신구약 성경 본문을 해설했고, 바울의 연보 개념과 한국교회 십일조의 유래까지 상세하게 설명했다. 그리고 각자 의견을 나눌 수 있는 시간을 주었다. 서로 의견을 주고받았고, 결단하는 시간도 가졌다.

이 일을 한 데엔 이유가 있다. 개척하기 1~2년 전, 젊은 성도들 중에 십일조를 하지 않는 이들이 많다는 것을 알게 되어서다. 느낌이나 짐작이 아니라 지난 몇 년간의 통계에 의한 것이었다. 그 이후 어릴 적에 같이 신앙생활을 한 고향 친구들에게 종종 물어봤다. 대부분 집과 아이들 교육비로 대출에 마이너스 통장까지, 십일조는 고사하고 헌금도 하지 못하는 형편이라고 답했다. 이런저런 이야기를 듣고 보니 교회의 미래가 보였다. 현재 60대 이상의 교인들이 세상을 떠나고 나면 교회가 유지될까? 한동안은 유지된다. 건물을 팔면 되니까. 그러면 우리 아이들이 교회의 주축이 되었을 때는 어떨까? 그때는 끝이다. 아무것도 남지 않는다. 대부분의 교회가 60대 이상의 성도들 덕분에 유지되고 있다. 지금 무엇인가를 하지 않으면 안 된다고 생각했다.

나는 어릴 적부터 십일조는 신앙고백이라고 배웠다. 내 노력과 수고의 결과가 모두 하나님에게서 왔음을 인정하고, 수입의 십 분의 일을 뗄 때마다 그것을 고백하는 것이라고 배웠다. 심지어 부모님은 첫 수입을 전부 하나님께 드리라고 가르치셨다. 그래서 던킨도너츠에서 받은 내 인생 첫 아르바이트 급여를 고스란히 헌금했다. 아버지, 어머니께 내복 하나쯤 사드리고 싶었지만 두 분은 받은 걸로 칠 테니 헌금하라고 말씀하셨다. 그러나 나는 교인들에게 그런 식으로 이야기하지 않았다.

"이제까지 제가 성경과 전통을 근거로 이야기한 것 다 제하고 생각해 봅시다. 우리 적어도 이거 하나는 분명히 합시다. 사회에서 동호회에 가입해도 회비를 냅니다. 그것으로 기본적인 운영을 한다는 것을 알기 때문에 당연하게 여깁니다. 그럼 교회는 어떤가요? 교회 공간에 아무렇지 않게 틀고 있는 냉난방기 비용은 누가 냅니까? 교회 공간의 임대료, 매주 먹는 간식과 커피, 아이들 교육비는 하늘에서 떨어지는 것이 아닙니다. 더 정확히 이야기하면, 한국교회는 이전 세대 어른들의 수고를 고스란히 누리고 있습니다. 믿는 자들은 세상 가운데 빛과 소금이라고 말합니다. 뭔가 더 낫다는 거죠. 그런데 빛과 소금이 세상의 상식선을 지키지 않는다면 세상은 우리를 뭐라고 할까요? 한국교회가 위기라고 하죠. 네, 제가 생각했을 때 다음세대의 교회는 운영 자체가 안 될 겁니다. 공동체를 그 누구도 책임지려 하지 않아서 큰 위기를 맞을 겁니다. 불편한 이야기를 했습니다. 하지만 저는 두려움과 떨림으로 이야기하고 있습니다."

교인들은 내 이야기를 진심으로 들어 줬다.

나는 지금도 헌금에는 감사의 의미가 가장 크다고 생각한다. 감사의 고백으로 하나님께 드린 예물이 가난한 이들을 살리는 데 사용되고, 어렵고 힘든 이들에게 나누어지며, 주 예수 그리스도의 생명이 세상에 전해지는 일에 쓰이기를 바란다. 그렇지만 헌금의 쓰임은 그것이 전부가 아니다. 헌금은 교회가 유지되고, 교인들의 필요를 공급하는 일에도 사용된다. 이 일을 위해 우리는 마땅히 헌금을 드려야 한다.

내 이야기가 끝나자 교인 중 한 명이 협동조합 형식의 회비를 제안했다. 그러나 가난한 사람도 교회 일원이 될 수 있어야 했기에 그 의견은 받아들여지지 않았다. 아내 혹은 남편이 신앙생활을 하지 않는 가정은 십일조의 압박에서 면죄부를 주자는 의견도 나왔다. 모두가 고개를 끄덕였다. 그러자 매주 딸과 함께 교회에 출석하는 분이 손을 들고 말했다. "감사합니다. 저도 아내와 협의하여 가능한 금액의 헌금을 드리겠습니다." 갚아야 할 빚이 많은 한 교인은 밤에 우리 집 앞으로 찾아왔다. 나는 꼭 십 분의 일이 아니어도 된다고 말해 주었다. 우리는 그분에게 가능한 헌금을 함께 생각해 보았다. 그분은 웃으며 귀가할 수 있었다.

내가 직장 생활을 하고 주거 문제를 스스로 해결하고 있기 때문에 매년 더 절실히 느낀다. 가뜩이나 어려워지는 경제 상황에, 가계 지출도 점점 늘어나는 현실 속에서, 교회의 짐을 함께 지는 것이 얼마나 어려운 일인지 말이다. 그래도 수입의 일부를 떼어 신앙을 고백하고, 교회와 타인을 위해 나누는 것이 교회 된 사람들의 책임이다. 이전 세대가 그랬던 것처럼 우리도 그래야 한다. 너무 자주는 말고, 교회 10년이 될 때쯤에 한 번 더 이야기할 생각이다. "우리는 책임감 있게 십일조를 해야 합니다."

새로운 예배 장소를 찾아서 II

스스로 생각하기에 나의 장점은 실행력이다. 생각한 것을 바로 실행에 옮기는 편이다. 때로는 그 빠름에 일을 그르친 적도 있지만, 인생 전체를 봤을 땐 실패의 경험조차 성장을 위한 수업료가 아닌가. 그래서 나는 매번 'Just do it'을 외친다.

교회 장소를 구할 때가 딱 그랬다. 무작정 동네 유치원을 일일이 찾아다녔다. 결과는 참패였지만 왜 안 되는지를 배웠고, '상담소'라는 새로운 장소를 발견할 수 있었다. 기사에서 노마드 북카페를 봤을 때도 일단 찾아가지 않았나. 목사님을 만나 이야기를 나눴기 때문에 그저교회의 존재를 알릴 수 있었다. 교회 이사 소식을 듣고는 먼저 전화를 건 것도 예배처를 옮기는 데 중요한 역할을 했다. 목사님은 우리를 생각하셨다 했지만, 만약 내가 바로 전화를 걸지 않았다면 어떻게 되었을지 모를 일이다. 기회는 가만히 있는 사람에게 저절로 찾아오지 않는다. 구하고 찾고 두드리는 작업이 반드시 필요하다.

노마드 북카페에서 2년을 살았다. 카페 사장님과 마음이 맞아 지역 사회 세미나도 열고, 책 모임도 진행했다. 그러다가 코로나가 터졌다. 5층에 있는 북카페가 살아남기란 쉽지 않았다. 우리는 자발적으로 임대료를 높이고 또 높였지만, 결국 카페는 폐업할 수밖에 없었다. 다시 장소를 찾아야 했다. 그럼에도 모든 것이 감사했다. 2년간의 동행이 우리에게는 마치 신혼생활 같았으니까.

이미 한차례 경험을 했기 때문인지 노마드 북카페를 나올 때 별로 겁이 나지 않았다. 부지런히 움직이면 하나님이 장소를 허락하실 거란 확신이 있었다. 게다가 2년 전과 달리 이젠 포털 사이트에 그저교회를 검색하면 기사가 몇 개 나온다. 더 이상 장문의 편지와 긴 설명이 없어도 된다는 뜻이었다. 교인들에게 걱정하지 말라고 했다. 나는 지역 협동조합이나 대안학교 등을 돌며 장소 임대를 요청했다.

그런데 한 주가 지나고 두 주가 지나도 긍정적인 답변을 주는 곳이 없었다. 코로나는 내 생각보다 훨씬 무시무시한 녀석이라는 것을 체감했다. 전염병으로 모임이 금지된 때에 모임을 위해 공간을 내어 달라는 것이 얼마나 어리석은 일인지. 지역 YMCA에서 보낸 답변이 유일하게 긍정적인 것이었는데, 그조차 서너 달 코로나 추이를 보고 결정하자는 것이었다. 이번에는 정말 힘들겠다 싶었다. 다시 두려워졌다. 2년간 진행된 교회 개척 일기가 여기까지인가 하는 생각마저 들었다.

그러다 카페가 폐업하기 몇 주 전, 빛이 보였다. 같은 노회에 속한 대형교회에서 공간을 공유할 교회를 찾고 있다는 소식을 들은 것이다. 교육관의 한 공간을 작은 교회 서너 곳이 시간을 나누어 사용할 수 있게 해 준다는 내용이었다. 교인들과 상의를 했고, 최적의 조건이라는 데 모두가 동의하였다. 대형교회에 교인을 빼앗기면 어떻게 하냐고 농담을 건네는 이들이 있었다. 농담을 농담으로 받아 "우리 교회로 오실 수도 있다"라고 답했지만, 사실 의미 없는 말들이었다. 신앙생활을 잘할 수만 있다면 '어디서'가 무슨 문제가 되겠나. 이 마음은 변함이 없다.

한국에서는 낯설지 몰라도 유럽과 북미 교회에서는 많은 한인교회가 예배당을 공유한다. 현지 교회를 오후에 빌려 사용하는 것이다. 캐나다에서 잠시 생활하던 때 출석한 한인교회는 예배당을 빌려 오후에 예배를 드렸다. 불편하지 않았다. 오히려 장점이 많았다. 당시의 좋았던 기억이 선택에 큰 도움을 주었다.

과천교회 복지관 지하 1층 공간을 무상으로 공유받아 예배를 드린 지 4년이 지났다. 공간을 공유할 또 다른 교회를 찾지 못해 단독으로 사용 중이다. 독립적인 공간이 있다는 것은 교인들에게 큰 안정감을 주었다. 카페에서는 불가능했던 오프라인 수요 기도모임이 시작되었고(월 1회), 과천교회 주일학교와 연합해서 뮤지컬 팀을 부르기도 했으며, 30, 40대 교구와 함께 연합집회를 진행한 적도 있다. 무엇보다 교인들의 최대 만족은 식당에 있었다. 이곳에 오기 전까지 우리는 배달 음식을 시켜 먹었다. 근처에 교인을 모두 수용할 수 있는 식당이 많지 않았기 때문이다. 그런데 과천교회에는 식당이 있고, 매주 천 원에 식사를 할 수 있다. 예배 후에 저렴한 비용으로 편하게 식사를 할 수 있다는 것은 굉장한 장점이다. 배달 음식을 시켜 먹으며 환경에 대한 고민이 많았는데, 마음의 짐도 내려놓을 수 있었다. 올해 들어 그저교회 교인들이 설거지 봉사에 참여하기도 했다. 최소한의 참여지만, 반드시 해야 할 일이라고 생각했다.

'한 지붕 두 교회'라는 말이 무색할 만큼 규모의 차이는 어마어마하다. 그래도 우리는 단순한 세살이가 아니라고 믿는다. 하나님이 더 연합하라고 붙여 주신 짝이라고 믿는다.

한 시절을 잘 보내고 있다. 그러나 언젠가 이곳도 떠날 날이 올 것이다(책이 마무리될 때쯤 교회가 새로운 공간으로 이동하기로 결정을 했다. 이번에도 지역교회 공간을 임대해서 한 시즌을 보내게 될 것 같다). 이전에 예배를 드렸던 북카페 이름이 '노마드'(Nomad, 유목민)였다. 이름값 한다고 하지 않나. 이곳저곳 떠돌며 살고 있다. 떠나야 할 날에는 불안해할 것이고, 또 다른 거처를 찾으면 "거 보세요. 하나님이 인도하시지 않습니까!" 큰소리치는 날이 반복될 것이다. 그렇게 걷는 길에 우리의 믿음이 그리스도의 충만하심의 경지에까지 다다르기를 소망한다.

노회 등록은 너무 어려워

부목사 때 교회에 훈수를 많이 뒀다. 기존 교회들은 이런저런 게 문제라고, '이렇게' 해야 하는데 왜 그걸 '못하는지' 모르겠다고. 고쳐야 할 것투성이라고 말했다. 그러면서도 그 울타리를 벗어나지는 못했다. 소속이 주는 안정감 때문이었다. 나와 이야기를 섞었던 동년배 목회자들도 별반 다르지 않았을 것이다. 이러니저러니 해도 목사직을 지켜 주는 것은 기존 교회였다. 그 안에 있으면, 큰 잘못을 저지르지 않는 한 목사직을 유지할 수 있었고, 노회와 시찰회의 회원권을 연장할 수 있었다.

개척을 하겠다며 교회 문을 박차고 나오자 사정이 달라졌다. 목사직을 유지해 주던 울타리가 없어진 것이다. 나는 목사라는 사실을 법적으로 인증해야 했다. 주변 사람들이 나를 '목사'로 부르는 것에는 아무 힘이 없었다. 심지어 무임목사 5년(혹은 3년)이면, 목사직을 박탈당한다는 이야기를 들었다. 정확히 알아야 했다. 5년과 3년의 차이는 컸다.

제일 먼저 찾은 것이 책장에 꽂혀 있던 '헌법' 책이다. 대한예수교장로회 통합 측 헌법 <제 5장 목사>에 목사에 관한 정의가 기록되어 있었다. 무임목사에 대한 설명은 '제27조 목사의 칭호'에 있다.

9. 무임목사는 노회의 결의에 의한 시무 처가 없는 목사다. 정당한 이유 없이 3년 이상을 계속 무임으로 있으면 목사의 직이 자동 해직된다.

3년이었다. 3년 안에 안정적인 울타리를 만들어야 한다는 생각에 마음이 조금 급해졌다. 그럼에도 바로 행동하지 못했다. '다음 달에 하자. 다음 달에는 꼭 준비하자.' 매달 그렇게 다짐을 했고, 다음 달이 되면 또 다음 달로 넘어갔다. 개척교회 담임목사는 당장 해야 할 일들을 해내기도 벅찼다. 어디서부터 무엇을 해야 할지 몰라 막막하기도 했다.

그렇게 시간을 보내고 문득 정신을 차려 보니 6개월이 훌쩍 지나 있었다. 정기회의 때 교인들과 이야기를 나눴다.

"저는 대한예수교장로회 통합 측 목사입니다. 현재는 무임목사죠. '노회의 결의에 의한 시무처'가 3년 안에 정해지지 않으면 목사직이 자동 해직됩니다. 교회 등록에 대해 여러분의 의견을 묻습니다."

혼자 결정해도 될 일이었지만, 교인들의 생각을 듣고 함께 결정하고 싶었다. 나는 다소 절차가 수월한(수월할 것으로 예상되는) 초교파 가입부터 당시 무임목사로 속해 있는 평양노회 가입까지 다양한 경우를 소개했다. 교인들에게는 이해하기 어려운 이야기였을 것이다. 의견을 물으며 한 가지 확인하게 된 건, 교인 대부분이 통합 측 교회에 출석했던 이들이라 통합 측 교단 소속을 원한다는 사실이었다. 충분히 이해가 되었다.

내 마지막 사역지는 평양노회 소속이었다. (장로교 통합 측에는 5개의 이북노회가 있다. 보통 노회는 지역 단위로 구분되는데, 이북노회는 지역을 초월한 전국구 노회다. 평양노회가 그중 하나다.) 그래서 개척할 당시 나는 평양노회 소속 부목사였고, 임지가 없는 무임목사 상태였다. 평양노회는 나에게 최적의 노회였다. 아는 목사님들이 있고, 행정 업무를 맡아 보는 간사님과도 몇 번 대화를 나눠 본 적이 있다. 또한 특정 지역에 국한된 노회가 아니기 때문에 어디서 목회를 하든 별 무리가 없었다.

노회 사무실에 연락을 했다.

"간사님, 작년까지 OO교회 소속 부목사였던 전인철입니다. 교회를 개척해서 노회에 가입하고 싶은데, 가능할까요?"

간사님은 교회 가입 요건을 안내해 주셨다. 우선 '세례교인 15명 이상'이라는 요건은 간신히 넘긴 상황이었다. 그런데 준비해야 할 서류를 하나씩 살펴보다가 도저히 넘을 수 없는 요건 하나를 발견했다. 교회 재산을 몇천 만 원 이상 보유하고 있어야 한다는 것이었다. 부동산 보증금을 포함한 금액이지만, 건물이 따로 없는 그저교회로서는 난감할 뿐이었다. 처음에는 왜 이런 조항이 있나 싶었다. 그런데 곰곰이 생각해 보니 충분히 납득할 만한 조건이었다. 아무 준비 없이, 혹은 다른 목적으로 교회를 노회에 가입시키려는 사람도 더러 있기 때문이다.

'공간 없는 교회를 꿈꿉니다', '자비량으로 사역을 하기 때문에 재산 없이도 시작할 수 있습니다' 같은 이야기를 꺼낼 수야 있겠으나 그건 어디까지나 개인 사정이었다. 대충 거짓으로 보고를 할 수도 있었다(불가능한 일은 아니었다는 의미다). 그런데 상식적인 교회를 만들어 보자며 개척을 해 놓고 그럴 수는 없었다. 아니, 그럴 거면 시작하지도 않았다. 나머지 4개 이북 노회 홈페이지에 들어가 보았다. 약간의 차이가 있을 뿐 수도권에 있는 교회는 대부분 수천 만 원의 재산을 보유해야 했다. 앞이 캄캄해졌다.

그렇게 또 얼마간의 시간이 흘렀다. 교인들과의 일상은 매주 달콤했지만, 그 시절 나는 조금 외로웠다. 고민이 머릿속을 떠난 적이 없었다. 3년 안에 반드시 해결해야 할 문제는 답이 없어 보였고, 시간은 자꾸만 흘러가고 있었다.

그러던 어느 날, 장로님 한 분을 우연히 만났다. 노회 임원을 역임하시고 노회 사정에 빠삭한 분이었다. '지역 노회라고 뭐 다를 것이 있겠나.' 별다른 기대는 없었다. 다만 답답한 마음에 교회 사정과 현재 고민을 털어놨다. 그런데 장로님이 이렇게 말씀하시는 게 아닌가. "우리 노회는 그런 조건이 없어요." 그날 바로 사무실로 전화를 걸어 행정 간사님과 통화를 했다. 실제로 이 노회 가입 조건에는 재산에 대한 부분이 없었다. '오, 주님! 감사합니다.' 다행히도 가입할 수 있는 가까운 지역 노회였다. 여러 가지 조건이 다 맞아떨어졌다. 필요한 서류들을 준비해서 정치부 면접을 보았고, 무탈하게 노회에 가입할 수 있었다.

그러나 이것으로 끝이 아니었다. 합법적인 시무처가 생겼다면, 그 시무처에 근무를 해야 한다. 실제로 교회가 안정될 때까지 노회 소속 전도목사로 몇 년을 보내기도 한다. 전도목사는 헌법 <제 27조 목사의 칭호>에 이렇게 정의된다.

4. 전도목사는 노회의 파송을 받아 국내외에서 연합기관과 개척지 또는 군대, 병원, 학원, 교도소, 산업기관 등에서 전도하는 목사다. 임기는 파송단체의 정한 바에 의한다.

이제 막 시작한 교회였기에 전도목사 신분으로 그저교회를 섬기는 것도 괜찮은 방법이었다. 교회가 지역 사회에 뿌리를 내리고 안정적으로 역할을 감당할 때까지 기다렸다가, 때가 차면 담임목사 청원을 하는 것이다. 그러나 나는 한 번에 마무리하고 싶었다. 그래서 교인들의 청원서를 준비해서 노회에 제출했고, 노회 파송 임시 당회장 목사님의 회의 진행과 노회의 선언에 따라 담임목사가 되었다. 무임목사 2년 만에 울타리가 생긴 것이다.

모든 산을 넘어 노회에 안착한 것 같았다. 그렇게 한 해 또 두 해를 보냈다. 그런데 헌법 <제 27조 목사의 칭호> 2항을 보면 담임목사 3년 차 때 공동의회를 열어 담임목사 계속청원을 해야 한다.

2. 담임목사는 노회의 허락을 받아 임시로 시무하는 목사다. 시무 기간은 3년이다.

교인들이 나를 그저교회 담임목사로 계속 인정하겠다는 결의를 매 3년마다 해야 하는 것이다. 이 부분을 깜빡하고 있었다. 다행히 같은 해에 담임목사가 된 노회 목사님이 계셔서 부랴부랴 챙길 수 있었다.

개척교회 목사는 긴장을 늦춰서는 안 된다. 노회 사무실에서 보내오는 공문을 꼼꼼히 읽어야 하고, 헌법과 노회법에 명시된 사항을 잘 확인하며, 연간 진행되는 회의에 성실하게 참여해야 한다. 챙겨 주는 이는 없다. 스스로 챙길 줄 알아야 한다. 여기서 중요한 것은 물어보는 것이다. 규모가 비슷한 교회의 목사, 그중 노회에 가입한 지 얼마 안 된 이들은 해야 할 일들을 비교적 생생하게 기억하고 있다. 어쩌면 중요한 사안에 구멍이 나지 않도록 서로 챙겨 주는 좋은 벗이 될 수도 있다. 노회 사무실로 연락해서 행정 간사님께 문의하는 것도 좋은 방법이다.

매년 4번의 노회 회의가 있다. 딱히 중책을 맡은 것은 아니지만, 앉아 있는 것만으로도 마음이 좋다. 아마도 소속이 주는 안정감, 그리고 함께 길 가는 분들의 응원과 격려 때문 아닐까.

교회 통장 만들기

교인들의 헌금은 내 명의 통장으로 관리했다. 회계 업무를 거의 혼자 하는 상황에서 이 방법이 편했다. 물론 마음 한편은 늘 찜찜했다. 교회 재정을 횡령할 수 있는 구조였기 때문이다. 투명하고 정직하게 재정을 사용하겠다고 공언했는데, 투명할 수가 없는 구조였다. 그렇다고 누군가를 세우기도 어려웠던 게 개인 공인인증서를 공유해야 한다는 부담 때문이었다. 해결 방법은 단 하나였다. '교회 명의 통장'을 만드는 것.

필요한 서류와 절차를 모르는 채로 은행에 갔다. 대기표를 뽑고 얼마간 기다렸다가 은행 창구로 향했다. 어떤 일로 왔냐는 창구 직원의 물음에 단도직입적으로 말했다.

"저는 교회 목사입니다. 교회 명의 통장을 하나 만들고 싶은데요, 어떻게 해야 하나요?"

속으로 교회를 다니는 사람이기를 간절히 바랐다. "관련 서류 가져오셨나요?" 스마트폰 하나 달랑 들고 온 나는 메모장을 펼쳤다. "제가 무엇을 가져와야 하죠?"

'고유번호증, 교회 정관, 대표자 확인 서류, 임대차 계약서 사본, 단체 직인, 신분증'. 불러 주는 것을 일단 받아 적었다. 이후에 찬찬히 살펴보니 이미 준비된 것도 있었고 준비해야 하는 것도 있었다. 고유번호증은 노회 가입 시 세무서에서 만들었으니 됐고, 교회 정관과 대표자 확인 서류를 준비하면 되었다. 교회도 일반 사회 속에 존재하는 단체이기에 비영리 법인으로 단체 신고를 해야 했다. 문제는 내가 정관을 만들어 본 적이 한 번도 없다는 것이었다. 어디서부터 시작을 해야 하는지도 몰랐다. 포털 사이트에 '교회 정관'이라고 치면 다른 교회의 정관이 나오는데, 이걸 초안으로 사용해도 되는지조차 확신할 수 없었다. 모를 때는 물어보는 게 답이다. 노회 사무실에 연락해서 조언을 구했다. 교단 홈페이지에 정관 파일이 존재한다는 것을 그날 알았다. 그저 교회 현실에 맞게 수정을 하여 어렵지 않게 교회 정관을 완성했다. 대표자 확인 서류에 해당하는 교단소속증명서, 대표자증명서는 노회 사무실에서 발급해 주었다. 임대차 계약서는 과천교회와 맺은 계약서를 사본으로 준비했다. 단체 직인은 인터넷 사이트를 통해 만들었다.

서류를 갖춰 다시 은행을 찾아갔다. 일부러 그때 그 직원이 있는 창구로 향했다. 그분에게는 아무것도 모르는 맹한 목사였겠지만, 나에게 그는 의지할 만한 고마운 직원이었다.

"안녕하세요. 기억하실지 모르겠습니다만, 준비한 서류 가져왔습니다."

서류를 건네고는 현장에서 작성해야 할 것을 적었다. 교회 이름에서 그가 내 얼굴을 한번 슬쩍 보더니, 주소란에 '과천교회 복지관'이라고 적자 그의 동공이 커지는 것이 느껴졌다. 내 쪽에서 먼저 구구절절 설명하는 건 아닌 것 같아 그저 미소를 띠며 작성한 서류를 건넸다. 그런데 이 직원이 다른 창구 직원과 잠시 이야기를 나누더니 내게 새로운 것을 요구했다.

"목사님, 혹시 교회 홈페이지나 주보를 볼 수 있을까요?"

홈페이지는 없고, 주보도 예배 순서만 간략하게 나오던 때였다.

"네이버 블로그에 주보가 있는데, 온라인으로 보여드려도 될까요?"

나름 불필요한 것을 뺀다고 담임목사 이름도 적혀 있지 않은 주보를 건네니 직원의 표정이 영 좋지 않았다. 사실 그 모든 것이 이해되었다. 명명백백하게 처리를 하지 않으면 대포통장이 훨씬 더 많이 유통되었을 것이다. "내가 목사요! 이 공동체의 대표요!"라는 말보다 확실한 건 그 말을 보증해 줄 서류다. 규모가 큰 교회에 있을 때는 전혀 알지 못했던 불편함이었다. 그때는 스스로를 증명할 필요가 전혀 없었다. 서럽다면 서럽고, 답답하다면 답답한 상황. 생각나는 것은 교인들뿐이었다.

"교회명도 생소하고 주보도 허술하다는 것을 압니다. 그렇지만 준비하라고 하신 서류를 다 준비했습니다. 고유번호증도 가져왔고, 노회에서 교회 대표로도 인정해 줬습니다. 이 정도면 충분하지 않나요?"

애써 미소를 지으며 단호하되 간절하게 말을 이었다. 멀찍이 앉아 있던 남자 직원이 서류를 살펴보더니 정관에 대표자 관련 문구를 하나 더 추가하는 조건으로 통장을 만들어 주겠다고 했다. 덕분에 몇 주가 더 걸렸고, 마침내 교회 명의 통장과 공인인증서를 받을 수 있었다.

    통장을 들고 집으로 돌아오는데 마치 금메달을 목에 걸고 귀가하는 사람처럼 스스로가 자랑스러웠다. 작다면 작은 일 하나겠지만, 내게는 '교회'가 되기 위한 큰 산이었다. 다소 늦기는 했어도 묻고 찾아가며 산을 넘었으니 스스로에게 잘했다 칭찬해 주고 싶었다. 잘했다. 그리고 앞으로도 잘하자.

말씀 살기

예수님은 어린아이와 같은 자들이 하나님 나라의 주인이라고 하셨다. 그런데 내가 어린아이들을 유심히 관찰한 후 내린 결론은 이것이다. '아이들은 그다지 선하지 않다'. 욕심을 부리고, 다투고, 자기들끼리 편을 나눈다. 물론 어른들보다야 낫지만, 이 아이들이 하나님 나라 주인이라 할 만큼 선하다고 할 수 있을까. 예수님은 왜 자신의 이야기에 어린아이들을 끌어들이셨을까?

오랜 고민 끝에 나는 아이들의 한 가지 특성에 주목했다. 그들의 믿음은 거침이 없다. 과학도 없고 경험도 없는 탓에 의심 없이 굳게 믿는다. 과학과 경험이 무가치하다고 이야기하는 것이 아니다. 믿는 자세를 말하는 것이다. 믿는 자는 어린아이와 같아야 한다. 세상 끝까지 집요하게 의심하더라도 궁극의 하나님 앞에서는 신뢰의 손을 들어야 한다. 그런 자가 하나님 나라를 소유한다.

나는 오랫동안 '어린아이와 같은 자' 되기를 갈망했다. 말씀을 어린아이처럼 흡수하고 싶었다. 많은 일이 그렇듯 혼자 하는 것보다 함께 하는 것이 쉽다. 그래서 내 갈망을 교회 공동체에 녹였다. 이름 하여 '말씀 살기'. 말씀을 그대로 살아 보는 실험을 함께 하자고 교인들을 독려했다.

방법은 다음과 같다. 그저교회는 매일 10절 정도의 말씀을 읽는다. 깊은 묵상보다는 읽는 것 자체에 방점을 찍는다.

"20~30분씩 묵상하지 않으셔도 됩니다. 적거나 나누지 않으셔도 돼요. 그러나 매일 읽으셔야 합니다. 어떤 날은 읽은 내용이 잘 기억나지 않을 수도 있어요. 괜찮습니다. 말씀을 스스로 읽는 습관이 중요합니다. 그냥 읽으세요!"

읽기만 해도 된다고 말해도 마음에 부딪히는 것들을 메신저로 나누는 분들이 있다. 이들의 나눔은 말씀 읽기의 촉매제가 되어 포기하려는 이들의 등을 밀어 준다. 그리고 그 나눔

속에서 삶에 적용할 것이 도출된다. 개인적인 적용점도 있지만 공동체가 함께 해 봄 직한 것들도 있다. 또 재정이 투입되어야 하는 일도 있다. 그래서 매달 10만 원씩 교회 재정에서 자체 적금을 부었다. 함께 실천하고 싶은 일이 있으면 말씀 살기 재정을 사용해서 다 같이 말씀 그대로 살아 보기로 했다.

　출애굽기 말씀을 읽을 때다. 이집트에 행해진 10가지 심판을 쭉 읽고 있는데, 누군가 이런 이야기를 했다. "메뚜기랑 개구리가 너무 불쌍하네요. 인간의 욕심으로 떼죽음을 당했어요. 오늘날 환경 문제와 별반 다르지 않아요." 그 일이 계기가 되어 환경책 독서 모임이 만들어졌다. 책을 읽은 후에는 실천할 일들을 나눴다. 우리의 작은 실천이 하나님이 지으신 세상을 다시 본연의 것으로 회복하기란 물리적으로 불가능하다. 세상을 변화시키기에 우리는 매우 적은 수이기 때문이다. 그러나 창조 세계를 바라보는 우리의 시선이 달라졌다. 성경을 보면 하나님의 일은 늘 여기서부터 시작된다. 이제는 아예 '그저미션'이라는 이름으로 매달 환경운동 2~3가지를 공동 실천하고 있다. 말씀을 살아내는 이들을 통해 하나님이 새로운 일을 하시리라 믿는다.

출산을 앞둔 가정이 있었다. 병원에서는 아이 심장에 이상이 있을 수 있다고 통보했다. 그때 읽고 있던 말씀이 이사야 58장이다. 교회는 말씀을 붙잡고 함께 금식하며 아이를 위해 기도했다. 그러던 중에 한 분이 이렇게 말했다. "하나님이 기뻐하시는 금식은 힘들고 어려운 이들과 함께하는 것이라고 했어요. 마침 베트남에 심장 수술이 필요한 아이가 있는데 한 끼 금식 비용과 이번 달 말씀 살기 비용을 합쳐서 보내면 어떨까요? 그리고 두 아이를 위해 함께 기도하기로 해요." 베트남의 아이는 수술이 잘되었다. 그리고 교인의 아이도 아무 이상 없이 건강하게 잘 자라고 있다.

디모데전서를 읽다가 일본 우토로 마을에 평화기념관 건립을 위한 후원을 했고, 룻기를 읽다가 화재가 난 지역교회에 건축 헌금을 했으며, 느헤미야를 읽다가 니카라과에 프로젝터 구입비를 보냈다. 저소득층 아이들에게 생리대를 전달하고, 미혼모 가정에 반찬을 만들어 보내고, 부룬디에 우물을 팠다. 코로나 시즌에는 마스크를 모아 시청과 빈곤 가정에 기부했다. 말씀이 없었으면 할 수 없었을 일이다. 아니 떠올리지도 못했을 일이다. 그러나 말씀이 우리 가운데 계셨고, 우리가 말씀을 신뢰했으며, 그 말씀이 우리를 움직여서 교회가 되게 하셨다.

    말씀을 살아 보니, 말씀이 명령하는 모든 것이 사랑이라는 것을 확인할 수 있었다. 이웃을 사랑할 수 있는 기회가 되었고, 하나님 사랑을 누릴 수 있는 은혜가 되었다. 하나님은 오늘도 우리에게 말씀으로 다가오신다. 가만히 있어서는 아무 것도 누릴 수 없다. 말씀을 신뢰하고 살아내는 용기, 그 용기로 다 같이 걸어 나가야 한다. 어린아이처럼 거침없는 믿음으로 나아가는 자가 하나님 나라를 누릴 수 있다. 함께 하나님 나라를 누릴 수 있는 어린아이와 같은 공동체가 있어 그저 감사할 뿐이다.

대림절, 예수님 따라 살기

그저교회의 대림절 기간은 매우 역동적이다. 교인 모두가 설교자가 되어 12월 한 달을 바쁘게 지낸다. 이 모든 것이 '말씀 살기' 때문에 시작되었다.

개척하고 맞은 첫 겨울, 요한일서 말씀을 읽다가 '서로 사랑하라'는 말씀에 교인들의 마음이 동했다. 어떻게 사랑할 수 있을까? 마침 대림절 기간이었기에 그 질문이 예수님에게로 모여졌다. '예수님이라면 이 기간을 어떻게 보내셨을까?' 회의를 통해 말씀 살기 적금과 상관없이 교회 재정 10만 원씩을 각 가정에 보내기로 했다. 그리고 개인적으로 조금씩 더 보태서 '예수님 따라 살기'를 시작하자고 했다.

아이를 키우는 가정이 많아서인지 자연스레 아이들 관련 시설을 많이 찾았다. 학대아동 보호시설에 과일을 사 가지고 간 가정이 있었고, 보육원에 학용품을 가지고 방문한 가정도 있었다. 교회에 상처를 입은 친척을 찾아간 가정이 있는가 하면, 유기견 센터에 자원봉사를 나간 가정이 있었다. 간략한 나눔에 그치지 말고 조금 더 자세히 들으면 좋겠다는 생각이 들었다. 그래서 실천한 것을 영상이나 사진으로 찍어 하나로 모았다.

성탄절에는 설교자의 설교가 짧다. 말씀 한두 절을 읽고 간략히 설명하는 정도다. 하이라이트는 그 이후에 시작된다. 한 가정씩 돌아가며 사진과 영상에 나오는 사랑 이야기를 소개한다. 한 달 동안 고민하며 실천한 예수님의 삶을 고백하는 시간이다. 1년 52주, 그 어느 설교 시간보다 흡입력 있는 말씀의 향연이 펼쳐진다. 사실 영상이나 사진으로 남은 순간보다 값진 것은 한 달간의 고민이다. 교인들은 이 기간을 어려워한다. "이번에는 정말 모르겠어요", "시간이 얼마 안 남았는데 아직 정하질 못했어요." 가족회의를 하면서 예수님의 마음을 헤아려 보는 이들에게 이미 하나님의 나라가 임했다고 나는 생각한다.

'예수님 따라 살기'는 계속 진행되고 있다. '예수님이라면'을 곱씹다 보면, 어느새 마음과 손길이 가족을 향하고, 이웃과 경비 아저씨를 찾고, 소방서와 경찰서로 뻗는다. 매년 확장되는 예수님을 따르는 발걸음에 그저교회는 성탄일의 기쁨을 풍성히 누리고 있다.

하늘로부터 이 땅에 내려와 우리 곁에 오신 예수님, 예수님이라면 어떻게 사셨을까? 이 고민과 고백을 통해 예수님을 보고 듣고 느낀다. 그분은 세상을 사랑하셔서 이 땅에 오셨고, 우리에게 그 사실의 증인이 되어 달라고 하신다. 다시 오실 그분을 기다리며 오늘도 고민한다. '예수님이라면 어떻게 사셨을까?'

정기회의 합시다

개척할 때, 교회 멤버가 세 번은 바뀌어야 안정기에 들어간 것이란 말을 들은 적이 있다. 아마도 교회의 뼈대가 튼튼히 세워질 때까지 수없이 많은 의견 조율이 필요하단 뜻이 아닐까? 그저교회도 지난 7년간 떠난 분들이 있다. 부산, 인천, 평택 등으로 이사를 가면서 헤어진 가정이 있고, 아무 말 없이 잠수를 타고 연락이 안 되는 분도 있다.

교회를 개척할 때부터 모인 사람들에게 이런 이야기를 했다. "서로 맞지 않는 부분이 있어 헤어지게 되더라도 서로를 축복해 줄 수 있는 교회가 되었으면 좋겠습니다." 쉽지 않은 일이지만, 간절히 그런 교회가 되기를 바란다. 어디서 신앙생활을 하더라도 우리는 주 안에 한 형제요 자매가 아닌가(그럼에도 헤어짐은 매번 힘든 일이다).

그런데 가만 생각해 보면, 그저교회는 변화가 적은 편이었다. 다른 교회에 비해 들어오고 나가는 사람이 많지 않았다. 왜일까? 생각 끝에 구성원들의 공통점 하나를 찾았다. 신기하게도 기질이 비슷했다. 다들 별다른 이견 없이 정해진 것을 잘 따랐다. 자기 의견이 왜 없겠나. 그러나 이들은 주장하기보다는 듣고 따르는 것에 익숙한 사람들이었다. 8년을 보내며 몇 차례 홍역을 치르기도 했지만, 그래도 꽤나 점잖게, 큰 불 나지 않고 지나왔다. 이것은 분명 장점이다. 그런데 뒤집어 생각하면 단점이 될 수도 있다. 이런 교회 풍토 안에서는 한두 사람의 독재가 일어날 수도 있다.

다행히 우리에게는 적절한 장치가 있었다. 장년 6명이 모일 때부터 '정기회의'와 '임시회의'를 꼬박꼬박 지켰다. 조금 느리게 가더라도 공동체의 의견 조율이 더 중요했다. 자연재해나 예기치 못한 사건을 당한 이웃을 도울 때, 회의를 통해 할 일을 정했다. 회의를 거쳐 마스크를 모았고, 도시락과 반찬을 만들었으며, 교회 재정을 나눴다. 선교사님을 후원할 때도,

아이들 교육을 위한 선생님을 모집할 때도, 교회 장소를 구할 때도 회의를 통해 함께 정했다.

회의 참여는 공동체원들의 권리이자 의무다. 부목사로 있을 때부터 이 부분이 늘 아쉬웠다. 한국교회 교인들은 공동의회와 제직회에 잘 참여하지 않는다. 이 같은 모임은 신자로서, 제직자로서 의견을 내고 결정된 사항을 함께 지켜 나가는 자리다. 성도들이 회의만 잘 참여해도 교회는 건강해진다. 그런데 규모가 있는 교회의 교인들은 자신들이 의견을 낼 자리가 아니라고 생각해 회의에 빠진다. 자리를 채울 사람이 이미 충분하고, 어떻게든 교회는 잘 굴러간다고 여기는 것이다. 또 규모가 작은 교회의 교인들은 교회 행정이 거기서 거기라고 생각해서 빠진다. 없는 살림에 목회자가 알아서 잘 처리할 거라고 여기는 것이다.

그런데 그러면 안 된다. 회의 참석을 통해 교인들이 두 가지 역할을 해 줘야 한다. 첫째는 책임이다. 회의를 통해 치열하게 고민하고 결정된 사항을 잘 이행하겠다는 마음을 가져야 한다. 에베소서에서 교회는 몸에 비유된다. 예수님이 머리되시고, 신자 한 명 한 명이 몸을 이룬다. 남녀노소 할 것 없이 성도가 곧 교회다. 신체의 일부가 몸을 떠나서는 기능을 할 수 없고, 몸의 안녕이 곧 신체 각 부분의 안녕이다. 따라서 주인의식을 가지고 회의에 참석하며 결정한 사항을 잘 따라야 한다. 둘째는 견제다. 행정이든 재정이든 투명해야 한다. 그래야 뒤탈이 없다. 하나님께 드린 헌금이 교회와 사회를 위해 온당하게 사용되는지, 교회 공동의 일에 누가 애쓰고 있는지, 또 누가 교회를 통해 수혜를 받고 있는지 또렷하게 밝혀져야 한다. 그래야 섭섭한 사람도 없고, 공동의 이익을 독점하는 사람도 없다. 다 같이 합의를 통해 정해진 것이기 때문에 회의록만 살펴보면 된다. 소수가 결정권을 행사하게 되면, 알게 모르게 부정직한 일이 자행될 수 있다. 교회 안에 일어나는 수많은 부정부패도 처음부터 나쁜 마음으로 시작되는 경우는 드물다. 회의라는 제도를 통해 미연에 방지하는 것이 필요하다.

그저교회는 분기마다 정기회의를 진행한다. 그리고 안건이 생길 때마다 누구나 임시회의를 제안할 수 있다. 재적 인원의 2/3가 참여해야 회의가 열릴 수 있도록 규칙을 정했다. 교인 수가 20명이 넘어간 후로는 정족수 미달로 회의가 열리지 못한 적도 있다. 대한예수교장로회 통합 측 헌법에 보면, 의결기관인 당회가 구성되지 않았을 때 담임목사에게 당회 권한이 주어진다. 즉, 웬만한 일은 담임목사가 혼자서 북 치고 장구 처도 합법적인 운영이 될 수 있다는 뜻이다. 그러나 의도적으로 나는 회의를 열었다. "그냥 목사님이 결정하세요" 해도, "아닙니다. 제가 초안은 작성할 테니 함께 결정해요!"라고 답했다.

큰 이견 없이 담임목사를 믿고 따라 준 이들에게 늘 고마운 마음이다. 귀찮게 회의를 진행하고, 함께 정하자고 판을 깐 것은 지금 생각해도 잘한 결정이다.

한가한 토요일

"주일 준비로 토요일은 바쁘시겠어요."

토요일에 결혼식이나 친척들이 모이는 자리에 나가면, 바쁜데 시간 내 줘서 고맙다는 말을 종종 듣는다. 구구절절 이야기하기 뭐해서 그냥 "네"라고 답하는데, 요즘 나는 토요일에 바쁘지 않다.

부교역자로 사역한 지난 10년간 토요일은 거의 교회에 있었다. 설교를 마무리하거나 예배 순서 맡은 사람들을 챙기고, 컴퓨터, 음향, 예배당 청소에 이르기까지 하나하나 온전히 준비해야 했다. 특별히 할 일이 없어도 토요일은 교회에 있었다.

그게 교역자의 미덕이자 삶이었다.

    교회를 개척한 후로 토요일에는 교회 업무를 하지 않는다. 금요일에 밤을 새워서라도 모든 것을 마무리한다. 주보와 온라인예배 세팅은 금요일 정오까지, 설교는 금요일 저녁 식사 전까지, 예배 PPT는 금요일 자기 전에 마무리한다. 기도 및 성경봉독, 어린이 성경이야기 담당자를 주초에 챙기고, 주중에 변동이 생길 시 금요일에 대신할 사람을 세운다. 간혹 주중에 일정이 생겨서 금요일 밤까지 교회 업무를 끝내지 못한 적도 물론 있다. 그럴 때도 남은 업무는 토요일 저녁에 시작한다. 토요일 낮 시간 만큼은 확실하게 비워 두려고 노력한다.

    이처럼 요일과 시간을 정해 일을 마무리하는 이유는 토요일을 가족과 함께 보내기 위해서다. 물론 교인들과 교제를 하거나 교회 차원의 행사를 가질 때도 있다. 그러나 그 안에서의 내 역할은 목사이기 이전에 아빠와 남편이다. 특별한 일정이 없을 때는 다른 가정들처럼 여유롭게 보낸다. 마트에 가서 식자재를 구매하거나 카페에 들러 각자 보고 싶은 책을 본다. 다이소에 가서 각자 사고 싶은 물건을 충동구매 하기도 한다. 온 가족이 야구를 좋아해서 시즌에는 야구 경기를 시청하고, 비

시즌에는 아들과 나가서 실제로 야구를 한다. 부모님 댁에 방문해서 저녁을 먹고 오는 날도 있다.

아브라함 헤셸이 쓴 책 『안식』에는 유대인이 안식일을 지키는 모습이 나온다. 그들은 안식일에 먹을 음식과 차를 미리 준비하고, 안식일이 시작되면 이웃을 초청해 준비된 거룩한 시간을 만끽한다. 안식의 정신을 풍성하게 음미하기 위해 금요일 저녁 전까지 최선을 다해 준비하고, 안식의 시간에는 이웃과 함께 하나님을 온전히 누리는 것이다. 유대인이 아니지만, 토요일과 주일을 만끽하기 위해 주중에 나의 온 에너지를 쏟아붓는다. 결코 주일예배를 허투루 준비하지 않는다. 하나님 앞에서, 그리고 사랑하는 나의 교회 앞에서 최고의 것을 준비한다. 다만 마감을 토요일 0시로 잡았을 뿐이다.

나는 많은 목회자들이 성(性) 문제에 걸려 넘어지는 것을 보았다. 뉴스를 통해서만이 아니라 가까이에 있는 이들도 그랬다. 목회자를 대단한 사람으로 치켜세우는 교회 문화, 상담을 이유로 이성을 단둘이 만날 수 있는 목회 현장, 그리고 성별(聖別)되어야 한다는 은연한 압박… 이런 것들이 종합되어 비상식적인 일들이 자행되었다. 물론 모두가 그런 것은 아니지만, '나는' 그러지 않으리라 자신할 수 없었다. 두려웠다. 나도 충분히 그럴 수 있는 '사람'이었다.

문제가 될 만한 것들은 최대한 피하려 노력했다. 그런데 가만 생각해 보니 문제에 걸려 넘어지지 않기 위해선 적극적으로 행해야 할 것도 있었다. 바로 가족과 시간을 보내는 일이다. 시간은 결국 중요도에 따라 확보된다. 마가복음 1장에서 예수님은 사역으로 매우 바쁘셨다. 말씀을 전하고 치유와 축귀 사역을 마치고 나면 늦은 시간에나 잠자리에 드셨을 것으로 추정된다. 그런데 예수님은 해가 뜨기 전에 한적한 곳에서 하나님과의 시간을 가지신다. 바쁘고 피곤한 중에도 하나님과의 시간을 확보하셨다. 중요하다고 생각하면 없는 시간도 짜내서 만든다.

나는 목사지만 월요일에 회사에 출근한다. 따라서 토요일 밖에는 가족과 함께할 시간이 없다. 아내와 아들에게도 토요일이 최적이다. 가족과의 시간은 그 자체로 행복인 동시에 나 자신을 지키고 또 하나님이 주신 가정을 지키는 장치다. 그래서 거룩하게 지키려 노력한다.

주말이 분주한 일반적인 목회자들과는 너무나 다른 시간을 살고 있다. 그래서 초조할 때도 있다. 무언가 해야 할 일을 하지 않고 방만하게 살고 있는 것은 아닌가 불안한 때도 있다.

그러나 가족과의 시간은 큰 맥락에서 목회의 중요한 부분이다. 멀리 가기 위해 운동과 더불어 반드시 챙겨야 하는 필수재다. 이 사실을 떠올리며 불현듯 찾아오는 초조함과 불안을 잠재운다.

이런 일정을 고집할 수 있었던 것은 개척이었기 때문이다. 무엇보다 믿고 신뢰해 준 교인들이 있었기에 지속 가능한 일이었다. 교인들과 소통하면서, 하나님이 주시는 지혜를 가지고, 현재의 생활 패턴을 꾸준히 지켜 가려고 한다.

루틴 세우기

개척 초창기에는 작은 교회라 일이 없을 줄 알았다. 심방해야 하는 인원도 한정적이고, 행사나 행정 업무도 이전에 비해 현저히 줄어들었기 때문이다. 예전에 500명 청년부와 300명 신혼교구를 동시에 맡은 적이 있다. 그저교회 장년이 50명이 채 안 되니, 시간도 에너지도 그때의 10%면 충분할 거라 생각했다. 그런데 내가 간과한 것이 있었다. 큰 교회에는 돕는 손길과 재정이 100배 이상 많았다는 사실이다. 교회 곳곳에 놓을 바퀴벌레 약을 내가 구매하지 않아도 되었고, 게시판 장식과 방송 시스템 정비를 내가 하지 않아도 되었다. 교회 중고 물품을 구하러 남양주까지 차를 몰고 가거나 주보, 악보 등을 복사하고 코팅 기계를 돌리는 일 같은 것을 하지 않아도 되었다. 전화 한 번이면 많은 이가 도우러 왔고, 중고가 아닌 완제품을 인터넷으로 구매할 수 있었다.

본래도 시간을 쪼개서 사는 편이었지만, 개척과 동시에 이중직에 돌입하면서는 보다 체계적인 일정 관리가 필요했다. 계획 없이 살다간 육신의 편함과 의식의 흐름대로 시간에 쫓기게 될 것이 불 보듯 뻔했다. 게다가 감기에 걸린다거나 예상치 못한 일정이 끼어들면, 그 주는 완전히 리듬을 잃게 될 것이 분명했다. 그래서 마련한 것이 '루틴'이다. 주일 오후부터 토요일 밤까지, 해야 하는 일들을 중심으로 일정표를 만들었다. 처음부터 능숙하게 해 나간 것은 아니지만 7년 정도 반복하다 보니 이제는 적어 놓지 않아도 시간에 맞춰 움직인다.

월, 화, 목요일은 회사 일에, 수, 금요일은 교회 일에 집중한다. 교회 업무를 처리하는 데 이틀은 부족해서 시간을 쪼개 사이사이에 교회 일을 끼워 넣는다. 사람을 만난다거나 이동이 필요한 일은 수요일과 금요일에 배치하고, 주보를 만든다거나 전화로 할 수 있는 행정 업무는 월, 화, 목 틈틈이 한다. 대략적으로 아래와 같다.

주일 저녁

저녁 식사 1시간 전에 짧은 낮잠.

긴장 상태였던 주일은 무조건 피곤하다. 이 상태로 방치하면 저녁 시간에 아무것도 못 한다. 아내에게도 어느 순간 '내 남편은 저녁 식사 전에 한숨 자는 사람'으로 공인되었다. 저녁 식사 후에는 다음 주일 본문을 묵상한다. 다양한 역본을 비교하며 읽고, 필요하면 원어를 찾아 본문 석의를 마친다. 그리고 주보 초안을 작성한다. 이때 주일예배에 참석하지 못한 이들과 다음 주 예배위원들을 적어 놓는다. 자기 전에는 오늘 교회에서 찍은 사진과 동영상을 SNS에 올린다. 그날의 기억이 생생히 남아 있는 주일 저녁에 기록하는 것이 좋다. 두세 편의 SNS 콘텐츠도 미리 예약해 놓는다. 출근 준비를 하고 1시쯤 잠자리에 든다.

(매일 아침)

7시 기상. 스트레칭을 하고, 교인 담당자가 메신저에 올린 그날의 말씀을 두세 번 읽고 기도한 후 짧게라도 묵상 나눔을 기록하여 공유한다.

월요일

회사 일(9~6시).

점심시간이나 오후 나른한 시간에 주일에 결석한 교인에게 연락을 한다. 가족 중 누군가가 아프거나 출근을 해서 못 오는 경우가 대부분이다. 몸은 괜찮은지 주말 근무로 피곤하진 않은지 안부를 묻는다. 퇴근 후에는 교회 행정 업무를 한다. 주일예배 유튜브 영상을 다운받아서 설교와 어린이성경 이야기 썸네일을 만들고, 설교와 어린이성경 이야기를 편집해서 업로드한다. 그리고 설교와 관련된 책들을 읽는다.

화요일

회사 일(9~6시).

퇴근 후에는 돌아오는 주 어린이성경 이야기 담당자에게 연락하고 PPT 파일과 대본을 정리해서 보낸다. 수요 기도모임을 위해 찬양과 기도제목들을 정리한다.

수요일

오전에는 설교 준비 및 각종 행정 업무를 하고, 오후에는 은행에 가서 주일 헌금을 입금한다. 이후 교회에 가서 예배를 위한 정리를 하거나(의자 배치, 헌금 봉투 등 비품 관리, 청소, 성찬이 있는 주는 성찬 준비 등) 만날 수 있는 교인이 있으면 심방을 한다. 밤에는 수요 기도모임을 인도한다.

목요일

회사 일(9~6시).

주중에 가족과 시간을 보내야 하는 날도 있기 때문에 목요일은 교회 업무 보강의 날이다. 월, 화, 수요일에 미처 다 하지 못한 교회 업무를 마무리한다. 예를 들면, 주보를 정리하고 각종 회의 자료를 준비하거나 성경공부 교재를 만든다. 일주일에 하루 정도는 이런 날도 있어야 루틴이 유지된다.

금요일

기도 및 성경봉독 담당자에게 연락한다. 설교와 예배 PPT를 마무리하고 심방을 한다. 온라인으로 예배를 드려야 하는 교인들을 위해 주일 유튜브 링크를 만들고, 주보를 마무리해서 교인들에게 링크를 전송한다(그저교회는 온라인 주보를 사용한다). 주일예배 때 함께 부를 찬양을 미리 들어 볼 수 있도록 유튜브 플레이리스트를 만들어서 공유한다.

토요일

늦잠. 그리고 최대한 가족과 함께 시간을 보낸다. (물론 교인들을 만나거나 교회 행사가 잡힐 때도 있다.) 하루를 보내고 아이가 침대에 들어가면, 그때부터 예배 순서를 하나씩 시연한다. 설교까지 완전히 숙지가 되면 일찍 잠자리에 든다.

꽤 오랫동안 위의 루틴대로 생활해 왔다. 물론 하루나 이틀, 통으로 시간을 내야 하는 굵직한 일들이 예고도 없이 끼어드는 때도 있다. 그럴 때도 일정을 밀고 땡기면서 어려움 없이 루틴을 지켜 왔다. 기준이 있다는 것은 여러모로 변수에 대응하기에 유용하다.

가끔 교인들에게 업무를 더 나눠야 한다는 말도 듣지만, 일주일에 5일을 일터로 나가는 이들을 생각하면 내가 더 맡는 것이 맞다. 그래도 개척 초반에 비하면 현재는 업무가 많이 나뉘졌다. 작년에 재정부가 세워지면서 더 이상 은행에 가지 않고, 올해부터 주보 제작과 예배위원 연락은 집사님이 맡아 한다. 또 어린이성경 이야기 담당자에게 연락하고 콘텐츠를 전달하는 일도 다른 분이 해 주고 있다.

흔히 MBTI에서 말하는 계획적인 J형 인간은 아니다. 일주일에 3일 회사에 출근하는 담임목사인 내게 루틴이 없었다면, 스스로 무너지고 말았을 것이다. 교회와 회사의 일이 엉키고, 교회와 회사 모두에 폐가 되지 않았을까 싶다. 아슬아슬하지만, 루틴에 따라 하나하나 해결해 나가는 일과가 나를 보호하고 있다.

그런데 이 루틴 때문에 가족과 주변 사람들에게 기계적으로 반응할 때도 있다. "아빠 이제 일해야 하니까 빨리 자지 않을래?", "저는 해야 할 일이 있어 식사 모임에 참석하기 어려울 것 같습니다." 루틴을 유지하기 위한 시간과 공간의 압박으로 인간미 없는 사람이 되고 만다. 또한 휴식 시간에도 늘 초조해한다거나 여유 시간에 미리 일을 해 두려는 습관도 생겼다. 여러 면에서 아직 부족하다. 그러나 일이 더 익숙해지고, 돕는 손길의 은혜를 받는 날, 좀 더 유연하게 루틴을 대할 수 있지 않을까?

"목사님, 부흥할 겁니다!"

요즘에는 좀 줄었고, 개척 초반에는 제법 듣던 질문이 있다.

"요새 몇 명이나 모여요?"

보통 어른과 아이를 나눠서 답을 한다. 그러면 거의 대부분 다음과 같이 말한다. "목사님, 더 부흥할 겁니다!" 여기에 세트 메뉴처럼 따라오는 말도 있다. "곧 좋은 장소로 옮기실 겁니다."

나는 이런 말이 불편했다. 되묻고 싶었다. "부흥이 뭔가요?", "지금도 괜찮은데 꼭 장소를 옮겨야 하나요?" 물론 입밖으로 내뱉은 적은 없다. 그러나 내 얼굴은 뭔가 할 말이 있는 사람처럼 안면 근육이 실룩샐룩했을 것이다. 매번 되묻고 싶은 마음을 꾹꾹 누른 것은 그분들의 진의를 알기 때문이다. 그들은 응원의 마음으로 그들이 생각해 낸 최고의 덕담을 건넸을 뿐이다.

   70, 80년대는 교회 깃발만 꽂아도 사람들이 몰려왔다고 한다(목회가 쉬웠다는 뜻은 결코 아니다). 90년대도 다수의 사람들이 교회 문턱을 밟아 봤다. '교회 성장'은 어느 교회에서나 부르는 노래였고, 더 많은 사람들이 모일 때 교회는 환호했다. 사람들이 모이는 것을 '부흥'이라고 불렀다. 목회하는 사람, 특별히 교회를 개척한 사람들의 제 1의 목표는 교회의 성장이었다. 그러니 그 시대를 거쳐 온 대부분의 사람들에게 부흥은 최고의 덕담이다. "목사님, 교회가 나날이 부흥할 겁니다."

  '아니 그럼 새신자가 늘어나는 게 제일이지, 교회 존립을 위한 다른 목표가 존재하나요?' 딱히 반박할 생각은 없다. 나도 교회의 가장 중요한 사역이 생명을 살리는 일이라고 굳게 믿고 있다. 그런데 고집스레 덧붙이고 싶은 말이 있다. "교회에 사람들이 모이는 건, 사람이 애쓴다고 되는 일이 아닙니다.

전적으로 하나님 손에 달린 일입니다."

오직 수적 성장에 초점을 두고 사람을 모으다가 탈이 난 교회들이 얼마나 많았나. 모든 일에는 순서가 있다. 목회자는 먼저 함께하는 이들에게 최선을 다해 생명의 떡을 나눠야 한다. 그리고 아직 생수를 맛보지 못한 사람들을 만나야 한다. 예수님이 세상을 구원하시고, 주님이 되어 주셨다고 전하고 또 전해야 한다. 그다음에는 하나님의 일하심을 기다려야 한다. 물론 기회를 만들어 신실하게 복음을 전하지 않는다면 아무 일도 일어나지 않는다.

개척을 하고 참 많은 사람들을 만나러 다녔다. 특히 신앙생활을 하다가 교회를 떠난 사람들을 찾아다녔다. 고향 친구, 고향 교회 동생, 사역했던 교회의 선생님이나 청년이 교회를 안 다니고 있다는 소식을 들을 때마다 연락을 했다. 몇 시간이고 며칠이고 그들의 이야기를 들었다. 30, 40대 중에는 결혼을 하고, 아이를 낳고, 직업을 구하는 중에 교회를 떠나는 사람들이 은근히 많다. 이들의 삶에 하나님이 얼마나 중요한 분인지 다시 인지시키는 일에 많은 시간과 노력을 쏟았다. 또 교인들의 믿지 않는 남편과 아내를 만났다. 배우자를 교회에 보내 주는 것에 감사를 표하며 함께 신앙생활 하자고 권했다. 내

말에 호기심을 느껴 한두 번 예배를 드리다가 꾸준히 오시는 분도 있다. 앞으로도 나는 쉬지 않고 복음을 전할 것이다. 그러나 그다음 단계도 잊지 않을 것이다. 하나님 앞에 겸손히 기다리는 것. 내가 매듭지으려 하지 않고 하나님의 완결을 잠잠히 기다리는 것.

성장을 촉구하는 말과 시선은 우리를 불안하게 만든다. 그래서 인위적인 조미료를 찾도록 한다. 용하다는 프로그램과 먹힌다는 방법을 찾는다. 목회자라면 누구나 초조한 마음에 잠식될 때가 있다. 그 마음에 먹히면 안 된다. 수적 성장은 할 수 있을지 몰라도 생명은 더 희미해지는 길이다. 덕담 한두 마디에 괜한 과민 반응이라고 말할지도 모른다. 맞다. 스스로 과민하게 반응하고 있다. 그리고 더욱더 과민하게 반응할 생각이다.

'믿음'과 '신실함'은 헬라어 어원이 같다. 가만히 생각해 보니 그 의미가 깊이 통한다. 하나님을 신뢰하는 사람은 신실하게, 또 꾸준하게 맡겨진 사명을 지속할 수 있다. 하나님과 함께함으로 이미 그 상급을 받고 있기 때문이다. 지금은 교회의 수적 성장이 멈춘 시대라고 한다. 그러나 누가 알겠나. 나는 그저 교회가 성장하기를 바란다. 더 많은 사람들이 함께 예배하고, 함께 교회 되면 좋겠다. 그러나 '성장'은 '신실함'에 따라오는 결과 중 하나일 뿐임을 기억하며 절대 성장에 함몰되지 않도록 앞으로도 계속 민감하게 반응할 작정이다. 내 역할은 신실하게 복음을 전하는 것. 그저 그 일만 성실하게 하면 된다. 이 같은 마음가짐으로 하루하루를 살면 개척교회도 꽤 할 만하다.

개척교회 장단점

개척하고 수년이 지난 후에 아내에게 말했다. "여보, 2년 동안 아무도 교회에 등록하지 않으면, 내가 다시 돌아갈 거라고 했잖아…." 아내는 내 말이 끝나기도 전에 말했다. "난 당신이 안 돌아갈 줄 알았어. 이런저런 이유를 붙이고, 또 상황을 만들어서 그저교회 목회 계속할 것 같았어." 아내는 내가 줄곧 행복해 보였다고 했다.

힘들고 어려운 일도 물론 있었다. 아내는 곁에서 그 시간을 지켜보았고 함께 지나왔다. 그러니 이 말은, 개척을 통해 만난 플러스, 마이너스를 모두 합했을 때 플러스 값이 더 커

보였다는 의미일 것이다. 맞다. 개척을 후회하느냐고 누군가 물어본다면, 나는 한 치의 망설임도 없이 아니라고 대답할 것이다. 향후 예상되는 모든 고난의 시나리오까지 더한다 해도 지금까지의 행복이 그것을 상쇄하고도 남는다.

개척교회의 대표적인 장점 몇 가지를 들자면, 첫째, 새로운 것을 도전할 수 있다는 것이다. 국내의 많은 대기업들이 사내 스타트업을 육성한다. 이유는 단순하다. 바로 '혁신'. 대기업은 안정성과 효율 중심으로 돌아간다. 수많은 이해관계가 얽혀 있어 실패에 따른 부담이 크고, 브랜드 가치를 보호해야 하기에 검증된 방식을 선호할 수밖에 없다. 그래서 실험적인 도전에 제약이 따른다. 반면 스타트업은 그 자체가 혁신과 창의성에 바탕을 둔다. 가능성과 사회적 의미는 시도의 이유가 된다. 누구도 이 둘의 차이를 옳고 그름의 문제로 접근하지 않는다. 그저 다를 뿐이다. 개척교회의 가장 큰 장점은 스타트업이 가진 혁신에 있다. 이제 막 시작된 교회이기에 이해관계랄 것이 없고, 그래서 자유롭다. 또한 실수나 실패를 해도 신뢰 하락으로 이어지지 않는다. 새로운 도전을 하기에 용이하다.

교회 개척을 결심하고 6개월가량 머릿속에 떠오르는 아

이디어를 가감 없이 노트에 적었다. 지금 보니 위법적인 것도 있고, 치명적인 오류가 있는 것, 실현하기에 매우 어려운 것도 있다. 단순히 효율을 따르는 것도 있고, 개혁과 갱신이 필요하다고 여긴 부분에 관한 것도 포함되어 있다. 그런데 이 모든 것은 '개척'이라는 길을 선택했기에 생각해 볼 수 있는 것들이었다. 예를 들면 이런 거다. 지역의 작은 교회들과 연합해서 여름성경학교 진행하기, 장로직을 임기제로 돌아가면서 맡기, 부모가 아이들에게 직접 설교하기, 목회자가 주중에 다른 직업 갖기, 주중 예배는 다른 교회에 참석하기, 주말에만 공간을 임대해서 예배드리기, 사택을 없애고 물가에 합당한 사례비 책정하기, 선교사 자녀들에게 용돈 주기 등. 이 중 일부는 해냈다. 잃을 것이 없는 개척교회였기에 과감히 시도할 수 있었다.

돌아보면 개척 첫해에 운신의 폭이 가장 컸다. 나도 교인들도 모든 것이 처음인 상황에서, 목회 철학을 담아 시도하는 것들은 그대로 받아들여졌다. 이곳저곳을 떠돌아다니며 예배를 드리자고 했고, 아이들 울음소리가 쩌렁쩌렁 울려도 통합 예배를 고수했으며, 온라인으로 수요일 기도모임을 진행하자고 했다. 형식과 방식이 존재한 교회라면 설득에 많은 공을 들여야 했을 것이다. 그러나 여기서는 달랐다. 내가 무언가를 제안하면 대부분 "생소하지만… 한번 해 보죠" 같은 반응으로 웃으며 믿고 따라왔다. 개척교회를 개척교회답게 만들어 준 이들에게 고맙다.

두 번째 장점은 빠르고 간결한 의사결정 과정이다. 새로운 것에 함께 도전하기 위해서는 회의가 반드시 필요했다. 담임목사 혼자 교회 되는 것이 아니기에 교인들에게 설명하고, 공동의 의견으로 발전시켜야 했다. 그저교회 정기회의는 연 4회 진행된다. 그러나 새로운 도전의 기회가 생길 때마다 임시회의를 열었다. 어떤 때는 매주 회의를 할 때도 있었다. 개척교회는 소수의 사람들이 모였기 때문에 회의를 열고 닫는 데 유연하다. 100명의 사람들이 모인 교회에서 임시회의를 여는 데는 시간과 장소의 제약이 있지만, 개척교회는 그렇지 않다. 충분히 민주적으로 의사결정을 하면서도 빠르고 간결하게 회의를 진행할 수 있다. 그뿐만 아니라 교인들은 나만큼이나 교회에 대한 의지를 가진 사람들이다. 누가 단독 공간도 없는 교회 공동체에 찾아오겠나? 그만큼 적극적으로 무언가를 해 보고 싶어서 모인 이들이다. 이들은 열정적이었고, 때로는 더 나은 길을 위해 자신의 의견을 굽힐 줄도 알았다.

한번은 남미에 있는 선교사님으로부터 기도편지가 왔다. 선교사역에 프로젝터가 꼭 필요하다는 것을 모두가 알게 되었다. 한 교인이 우리가 구매해서 보내 주자고 메신저에 의견을 올렸다. 그 안건은 주일에 임시회의를 통해 만장일치로 통과되었다. 돌이켜보면 형식과 절차를 너무 건너뛰었다. 7년이 지난 지금은 따져야 할 것도, 생각해야 할 것도 많다. 어쩌면 그때만 누릴 수 있었던 특권이었을 것이다.

물론 모든 것이 좋았던 것은 아니다. 개척할 당시에는 전혀 예상하지 못한 어려움을 때때로 만났다. 그중에 나를 가장 힘들게 한 것은 앞서 걸어간 이가 보이지 않는다는 사실이었다. 이 마음을 어떻게 표현할까 고민하다가 선택한 단어가 '외로움'이다. 정말 외로웠다. 이 외로움은 우리가 일상에서 자주 사용하는 말과는 조금 차이가 있다. 감정이 아니라 상황에 대한 것이라고 하면 이해가 쉬울까. 함께 걷는 교인들이 있고, 늘 편이 되어 주는 가족이 있었지만, 앞에서 풀을 베며 길을 만드는 것은 오롯이 내 몫이었다. 매뉴얼이 있어 그대로 따를 수 있다면 좋았을 텐데, '매뉴얼'이라고 할 만한 것들은 파편화되어 있었고 구하기도 쉽지 않았다. 가령, 노회 가입 전

교단 마크 사용과 유아세례 집례 가능 여부, 교회 고유번호증과 교회 명의 통장 만드는 법, 지역 내 단체들과의 협력 방법 등 물어볼 사람이 마땅치 않았다. 그래서 노회 사무실, 국세청, 은행, 지역주민센터에 무작정 찾아갔다. 은행 대기표를 뽑아 들고는 의자에 앉아 창구 직원에게 어떤 말부터 건네야 할까 고민해야 했다. 그 시각, 그 자리에서 느낀 감정이 외로움이었다.

교회 개척을 택하는 사람이 많지 않다면, 이중직은 더 소수의 사람들이 가는 길이다. 어떻게 세금을 내야 하는지, 쉬는 시간은 어떻게 확보해야 하는지, 교인들 심방은 어떻게 해야 하는지 등을 설명해 줄 수 있는 사람이 많지 않다. 여러 궁금증과 고민을 안은 채 인터넷을 뒤지고 수소문해서 나와 비슷한 삶을 사는 이들을 찾아다녔다. 그들의 조언이 많은 도움이 되었다. 하지만 그들의 길과 내 길은 또 달랐다. 그저교회의 길을 만들어야 했다. 최근 동남아시아에 교회를 개척한 한 목사님과 자주 연락을 하고 있다. 교회 재정 관리에 대해, 협동 목회에 대해, 소속에 대해, 이런저런 질문을 받았다. 최선을 다해 내 경험과 생각을 말씀드렸지만, 해외라는 특수성은 내가 전혀 경험하지 못한 부분이다. 그 변수를 집어넣고 상황을 해석해서 길을 만드는 것은 그분 몫이다. 그분의 외로움이 짐작되어 마음이 짠했다. 그러나 동시에 하나님이 그분을 통해 만드실 또 다른 길이 기대되었다.

외로움 못지않게 내 마음을 무겁게 하는 것은 성도들을 향한 미안함이다. 규모가 큰 교회에서 누릴 수 있는 혜택을 공급하지 못할 때 그런 마음이 든다. 교회에 18명의 아이들이 있는데 중학생은 2학년에 재학 중인 여자아이 한 명이다. 중학생은 혼자라 그 아이에겐 마땅히 마음 나눌 친구가 없다. 최신 이모티콘에 요즘 아이들이 사용하는 유행어로 문자를 보내도, 나는 그냥 아저씨일 뿐이다. 수련회를 진행하기도 어렵다. 7월이 되면 SNS에 대형교회 여름수련회 사진이 올라온다. 나는 그걸 보는 게 그렇게도 싫다. 뜨겁게 찬양하고 게임하며 웃고 떠드는 청소년들의 모습에서, 그런 환경을 조성해 줄 수 없다는 죄책감이 밀려온다. 교인들에게도 마찬가지다. 장례식장에 가면 종종 대형교회 부목사님들이 교구 식구들과 장례 예배 드리는 것을 본다. 비좁게 앉아서 서로를 위로하고 예식의 순서를 일사천리로 처리하는 것을 볼 때 마음에 큰 짐이 얹어진다.

영화 속 대사로, 개척교회 목회자들이 자주 사용하는 말이 있다. "내가 돈이 없지, 가오가 없냐?" 나도 이 말을 자주 사용했다. 매주 점심을 제공하는 식당이 없어도, 다양한 교육 프로그램을 제공하는 주일학교가 없어도, 도서관, 카페 등 교회 내 편의시설이 없어도, 그래도 우리에게는 가오가 있다고, 우리는 하나님의 부르심을 따라 멋지게 걸어 갈 거라고, 그렇게 태연한 척했다. 그렇지만 자주 가오 없는 마음으로 교인들에게 미안해진다.

아직 답을 찾지 못했다. 그저교회를 목회하는 여정이 답을 찾는 끝없는 과정일 수도 있다. 답답할 때면, 전도서 7장에 나오는 전도자의 말을 상기한다. '좋은 때에는 기뻐하고, 어려운 때에는 생각하라.' 답답해하고 미안해한다고 해서 크게 달라지는 것은 없다. 그저 좋은 때는 기뻐하고, 어려운 때는 하나님을 생각한다.

오늘도 기뻐하고 또 생각하면서 열심히 걷고 있다. 다시 한 번 말하지만, 산술적으로 기뻐하는 날이 훨씬 많았다.

목회 비전은 없다

내 목회 철학은 마지막 부목사로 사역했던 은평구에서 8할이 다져졌다. 담임목사님에게 지대한 영향을 받았다. 그 교회는 마을 목회의 선구자로 정평이 나 있었다. 당시 교계는 '선교적 교회'에 관심이 높았다. 그래서 탐방을 오는 교회와 신학생들이 많았다. 나는 이런 상황이 자랑스러웠고, 교회가 더 유명해지기를 바랐다. 내심 내게도 콩고물이 떨어지길 바랐던 것 같다.

 마을 목회의 큰 축은 네 가지였다. 혼자 사시는 어르신들을 위한 '안부사역', 동네 사랑방이 되어 주는 '카페', 마을에

양서를 공급하는 '작은 도서관', 그리고 마을 아이들의 부모가 되어 주는 '방과 후 교실'. 나는 마을의 필요를 공급하는 이 네 기둥이 든든히 서기를 바랐다.

그런데 문제가 생겼다. 근처 초등학교에서 시행하고 있는 방과 후 교실이 시설 보강에 들어간 것이다. 아이들이 좋아할 만한 근사한 시설이 들어올 거란 소문이 들려왔다. 나는 우리 아이들이 그쪽으로 대거 이동하면 어쩌나 불안해졌다. 그래서 담임목사님께 말했다.

"목사님! 위기입니다. 방과 후 교실은 우리 교회의 자랑인데, 이거 무너지면 어떻게 합니까. 저희도 시설 보강 계획을 세워야 합니다. 아이들 다 빼앗기면 마을 목회의 큰 축이 흔들립니다."

스스로가 기특했다. 문제가 일어나기 전에 현상을 진단하고 빠른 대안 수립을 제안했으니, 부목사의 역할을 훌륭하게 해냈다고 생각했다. 목사님은 잠시 말이 없으셨다. 그리고 잔에 남은 커피를 쭉 들이켠 후 일어나며 말씀하셨다.

"방과 후 교실 사역 못 해도 괜찮습니다. 다른 사역을 하면 되죠. 학교에서 마을의 필요를 공급한다니 얼마나 멋진 일입니까. 방과 후 교실은 우리 교회를 위해 존재하는 것이 아니라 마을 아이들을 위해 존재하는 것입니다."

씩 웃으며 걸어가시는 목사님을 보며, 목회의 '본질'을 생각했다.

언제부터였을까? 나는 목회를 통해 자아실현을 하고자 했다. 사람들이 인정하는 사역을 하고, 사람들이 알아주는 목사가 되고 싶었다. 처음부터 그러진 않았다. 신대원에 입학해 "아골 골짝 빈들에도 복음 들고 가오리다" 찬양할 때는 정말이지 그러지 않았다. 조금씩 영점을 잡지 못하게 된 것은, 아마도 목회의 본질을 유념하지 않았기 때문이 아닐까. 나는 하나님 나라가 이 땅에 임하는 그 생명의 사역에 작은 디딤돌이 되면 그만이다. 그런데 어느 순간, 나는 내가 세운 목회 비전에 함몰되어 버렸다. 숫자, 경력, 평가에 갇혀 본질을 잃어버렸다.

"목사님의 최종 목표는 무엇인가요? 목회 비전이 궁금합니다."

종종 듣는 질문이다. 나는 이렇게 답한다.

"무탈하게 은퇴하는 겁니다."

몇 명에게 복음을 전하고, 몇 개의 교회를 세우고, 몇 명의 선교사를 후원하고… 그런 그림을 그려 본 적도 있다. 몇 년도까지 무엇을 이루고, 몇 년도까지는 어떤 도전을 해서 몇 년도에는 어떤 상태가 되겠다는 계획도 세워 봤다. 물론 효과적인 진행을 위해서는 목표 설정이 필요하다. 그러나 그 목표가 개인의 목표가 되어 버리면 무슨 소용이겠나. 짧은 목회의 여정 가운데 비리와 부정부패로 무너진 목회자를 수도 없이 만났다. 나도 사람이라 두려웠다. 그런데 요새는 그것들보다 더 두려운 것이 생겼다. 하나님을 빙자한 내 목표에 함몰되는 것이다. '무탈하게' 이 길을 가고 싶다. 외적인 부분은 물론이거니와 내적인 동기가 그저 하나님이길 바라고 또 바란다.

그래서 '그저'라는 단어가 내게는 귀하다. '그저'는 상태를 표현하는 단어다. 그저 목사답게 존재하고, 그저 교회답게 존재한다면 살아계신 하나님이 합당한 사명을 허락하실 것이고, 적절한 길을 내실 것이라 믿는다. 목회 비전은 그저 교회에서 그저 목사로 무탈하게 은퇴하는 것. 그 소박하지 않은 꿈을 하나님이 신실하게 이루어 주실 것을 나는 믿는다.

3부

평일에는 출근합니다

주중 일터에서 옛 사역지 동료를 만날 때가 있다.
"목사님, 이런 일까지 하세요?"
이제는 아무렇지 않게 웃으며 답한다.
"뭐 이런 일도 하고, 저런 일도 합니다."

내가 이렇게 무능한 존재라니

목사가 먹고사는 일을 자꾸 언급하는 것이 믿음 없음 같지만, 장기적으로 봤을 때 생계 문제는 가장 먼저 매듭지어야 하는 일이라고 생각했다. 그래서 목회 그림을 그리는 동시에 어떻게 가계를 끌고 갈 것인지를 고민했다. '나 정도면 필요로 하는 곳이 있지 않겠어? 못해도 한 달에 200만 원은 벌 수 있을 거야.' 내게는 근거 없는 자신감이 있었다. 큰 어려움 없이 돈을 벌 줄 알았다.

나는 고등학교를 졸업하고 바로 신학교에 진학하지 않았다. 당시 고등부 담당 목사님은 일반 대학교에 갈 것을 권하며, 철학이나 교육학을 공부한 뒤에 신학을 공부하는 것이 여러모로 장점이 있다고 말씀하셨다. 그래서 나는 중앙대학교 교육학과에 진학했다. 졸업 후에 신학대학원에 진학할 예정이었기에 복수전공이나 자격증 이수에 연연하지 않았다. 교육학과를 졸업하면 기본적으로 '2급 정교사 자격증'이 나온다. 가르치는 일에 지원을 할 수 있는 최소한의 자격증을 손에 쥐고 졸업을 하게 되는 것이다.

학부를 졸업하고 15년 정도가 흘렀다. 그사이에 바리스타 2급 자격증을 땄고, 운전면허까지 포함하면 서너 개의 국가 혹은 협회 자격증을 취득했다. 목회를 하는 데 있어 이 이상 더 필요하다고 느끼지 않았다.

주중에 일을 하겠다고 다짐한 후 가장 먼저 떠올린 것이 2급 정교사 자격증이다. 이거면 학원 강사나 대안학교 교사에 지원을 할 수 있고, 운이 좋으면 대우도 받을 수 있지 않을까 생각했다. 하지만 지원도 하기 전에, 알아보는 과정에서 좌절을 맛봤다. 자격증보다 중요한 것이 나이와 경력이었기 때문이다. 20대와 30대 후반 중 누구를 선호할까? 당연히 20대일 것이다. 관련 경력이 있는 사람과 없는 사람은 비교 자체가 안 된다. 나는 30대 후반에 경력이 없는 사람이었다. 어디에서도 뽑을 리 만무했다. 교회에서는 한 해 한 해 경력이 쌓이며 더 중요한 보직을 맡게 되었지만, 업종이 바뀌니 이야기가 달라졌다. 이전에 누린 모든 것이 다 의미 없는 것이 되어 버렸다. 한 기독교 대안학교에 이력서를 작성하고는 결국 보내지 않았다. '기독교'라는 글자가 붙은 학교였음에도 자신이 없었다. 내가 보기에도 내 이력이 경쟁력이 없어 보였기 때문이다. 거기에 더하여 나는 목회까지 준비하고 있었으니, 에너지를 분산하겠다고 선언한 셈이 아닌가. 주중에 하루를 쉬겠다는 사람과 주 5일을 전력으로 일하겠다는 사람 중 후자를 선택하는 것이 당연하다.

가지고 있는 자격증을 가치 없는 것으로 인정하게 된 순간, 내가 할 수 있는 일이 매우 제한적이라는 것을 깨달았다. 이후, 비교적 쉬운 자리일 거라 여긴 업종의 일터, 예를 들면, 핸드폰 판매점 같은 곳도 젊고 수려한 외모의 남성을 원한다는 것을 알게 되었다. 그제야 현실을 직시했다. 그때부터 파트타임으로 일할 수 있는 배달업과 대리운전을 알아보기 시작했다. 왜 이쪽으로 몰리는지 바로 알았다. 업무 시간을 내가 조절할 수 있다는 어마어마한 장점에 더하여 건강한 몸만 있으면 시간에 따라 적당한 수입이 보장된다는 더 어마어마한 장점을 가지고 있었다. 그런데 안타깝게도 나는 체력이 좋은 편이 아니다. 딱히 어디가 아픈 것은 아니지만 대한민국 평균 남성 근력을 기준으로 했을 때 중하위권에 속한다. 배달업은 무리라고 신속하게 판단했다. 결국 지인에게 추천받은 카카오 대리운전으로 마음이 기울었다. 진상 고객이 더러 있지만, 그건 어디서나 만날 수 있는 사람들이니 나름 만족할 만하다고 했다. 간단한 서류 제출과 인터뷰를 거치면 바로 내 시간에 맞춰 일할 수 있는 자리였다. 주중에 교회 일을 하고, 틈틈이 혹은 저녁과 밤 시간을 이용해서 대리운전을 하면 괜찮겠다는 그림을 그렸다.

직업을 구하던 6개월, 세상 한가운데서 나의 초라한 경력을 직시했던 그때 그 경험은 개척 출발선에 선 나에게 큰 자산이 되었다. 내가 아무것도 아닌 존재라는 것을 뼈저리게 체감하며 겸손을 가슴에 새기게 한 시간이다.

주식회사 히즈쇼 직원입니다

대리운전을 하기로 결정했지만 자꾸만 미련이 남았다. 내가 더 잘할 수 있는 일을 찾고 싶었다. 채용 사이트를 몇 주째 뒤지다가 뒤늦게 '갓피플몰' 채용 게시판을 알게 되었다. 기독교인을 선호할 뿐만 아니라 기능적인 면에서도 기독교에 대한 이해가 있는 사람을 찾는 기업들이 거기 있었다. 그래도 10여 년간 전도사와 목사로 일했는데 나를 필요로 하는 곳이 있지 않을까, 기대해 볼 만했다. 출판사나 서점 관련 일이 멋스러워 보여 그쪽을 중심으로 검색했는데 집필보다는 디자인 관련 수요가 훨씬 많았다. 그러다 한 회사명이 눈에 들어왔다.

히즈쇼. 어린이 관련 기독교 콘텐츠를 만드는 회사.

수년 전에 이 회사를 도와준 적이 있다. 대형교회에서 청년부 총괄 목사를 하던 시절에 청년들과 국내 선교지에 어린이 사역을 나가며 히즈쇼 교재로 여름성경학교를 진행했다. 신생 기독교 콘텐츠 회사를 응원하는 마음으로 시작한 일인데, 퀄리티가 좋아서 감탄했던 기억이 났다. 바로 그 히즈쇼에서 사람을 뽑는 것이었다. 조건은 다음과 같았다. [물류 쪽 경험이 있는 20대 초반 남자.] 나는 물류 쪽 경험이 없고 30대 후반이다. 그나마 남자라 다행이라고 해야 하나. 조건에서 이미 탈락이었지만 포기할 수 없었다. 일단 문의를 해 보자 싶었다. 공고에 뜬 회사 번호로 전화를 걸려다가 아무리 생각해도 히즈쇼 담당 목사님께 전화를 하는 편이 1%라도 확률을 높일 수 있을 것 같았다.

지금도 그날을 기억한다. 아내에게 기도해 달라고 부탁한 후, 안방으로 들어가 침대 위에 서서 커튼을 매만지며 전화를 걸었다. 평소보다 두세 톤 높은 목소리로 아주 반갑게 목사님을 불렀다. "목사님! 잘 지내셨죠? 전인철 목사입니다." 목사님과 안부를 주고받은 후에 본론을 꺼냈다.

"목사님, 채용공고가 떴던데 저는 안 될까요? 제가 박스

엄청 잘 나릅니다. 웬만한 20대 청년들보다 잘할 자신 있습니다. 어떻게 안 될까요?"

목사님은 아주 짧은 침묵 후에 답하셨다.

"목사님, 죄송합니다. 목사님을 모실 자리는 아닌 것 같습니다."

친절하지만 단호한 거절이었다. 당연히 그럴 수 있다고 답하며, 남은 인사를 건네고 전화를 끊었다. 아내가 실망할까 봐 태연하게 방에서 나왔다. 원래 내 자리가 아니었던 것 같다고, 대리기사 준비 잘해 보겠다고 말하고는 혼자 외출을 했다. 마지막 기대를 잘 정리한 것 같아 홀가분했다.

그리고 이틀이 지났다. 전화기에 히즈쇼 담당 목사님의 이름이 떴다. 짧은 순간이지만 몇 가지 예상 시나리오를 생각하며 전화를 받았다. 목사님은 단도직입적으로 물으셨다.

"전 목사님, 목사님을 위한 자리를 만들 수 있을 것 같습니다. 혹시 일할 생각이 있으신가요?"

보통 어떤 정보가 들어오면 머릿속에서 생각을 한 후 나름의 결정을 내리고 입을 통해 답을 하게 된다. 그런데 그날 나는 듣자마자 바로 대답을 했다.

"네, 목사님. 무엇이든 할 수 있습니다."

본사가 있는 부천(현재는 평촌으로 이사를 왔다)에서 대표님과 함께 만나기로 약속을 잡고 전화를 끊었다. 마치 서울대에 합격한 학생처럼, 대기업에 취직한 취준생처럼, 가슴 깊은 곳에서 환희가 솟구쳤다. 아내에게는 "거 보라고, 하나님이 다 계획이 있으시다고. 잠잠히 기다리면 다 인도하신다고" 너스레를 떨었지만, 사망의 음침한 골짜기에서 간신히 기어 나온 사람의 두근거리는 심정으로 안도의 한숨을 내쉬었다.

　약속한 날, 회사 앞 카페에서 히즈쇼 담당 목사님과 히즈쇼 대표님을 만났다. 내 자리는 새롭게 만들어진 자리였다. 회사가 조금씩 성장하면서 히즈쇼 담당 목사님이 하던 일을 함께 감당할 누군가가 필요했던 것이다. 교회학교를 컨설팅해 주고, 요청이 있는 기관에 커리큘럼을 설명하는 일이었다. 뭐든 하겠다는 마음이었는데, 생각보다 과분한 역할이라 감사했다. 열심히 하겠다고 말씀드렸다.
　마지막으로 대표님이 연봉 이야기를 꺼냈다.
　"목사님, 얼마를 드리면 될까요?"
　이 자리에 나오기 전에 나 역시 준비를 했다. 선교 단체와 어린이 기독교 콘텐츠를 만드는 회사에서 일해 본 주변 사람들에게 물었다. 소위 시장가가 있을 거라 생각했기 때문이다. 그리고 꽤 권위 있는 목사님께 들은 대답이 기준이 되었다. "최대 140만 원 정도 아닐까요? 게다가 목사님은 주 4일 일한다고 하셨죠. 그러면 100에서 120만 원 정도가 적절하지 않을까 싶어요." 열악하다는 것은 알고 있었지만 힘 빠지는 답이었다. 어쩌겠나. 내 목표 금액은 140만 원이었다. 아내와 아들의 얼굴이 아른거렸다. 주저하고 있자 대표님이 한마디 거들었다. "부목사 때 받으시던 것이 있잖아요. 회사 규정이 있지만 그래도 감안해서 생각하려고 합니다." 용기가 났다. 아주 짧은 순간에 교인들의 얼굴이 떠올랐다. '입사할 때 다들 이러고 입사하는 건가? 회사와 연봉 협상할 때 다들 이렇게 덜덜 떨면서 대화하는 건가?' 과감하게 금액을 말했다. 목표 금액에서 조금 더 올린 금액이었다. '여보, 아들아. 아빠는 할 도리 다 했다!' 대표님은 노트에 무언가를 적고는 고개를 들어 나를 보고 말했다. "이렇게 드리면 어떠시겠어요?" 내가 말한 금액보다 조금 더 높은 금액이었다. 두 가지 감정이 연달아 들었다. 첫 번째는 무절제한 감사, 두 번째는 조금 더 높은 금액을 언급하지 못한 아쉬움. 사람이 이렇게 간사하다.

    출근 날짜를 정하고 두 분과 인사를 나눈 후, 차에 올랐다.

차에 타자마자 아내에게 전화를 걸었다. 아주 여유롭게 오늘 있었던 일들을 차근차근 이야기했다. 개척 후 나는 첫 간증이었다.

그렇게 개척교회 목사인 동시에 주식회사 히즈쇼 직원이 되었다.

감히 목사 앞에서 욕을?

흔히 직장에는 직위가 있다. 나는 직위에 대한 로망이 있었다. 입사 첫날이니 '전인철 씨'로 불릴 것이 확실했지만, 그래도 '전인철 사원님'으로 불리고 싶었다. 호칭을 통한 회사 내 직책을 느껴 보고 싶었던 것이다. 그런데 아쉽게도 설레는 첫 회의 자리에서 내 호칭은 '목사님'으로 정해졌다.

    회사 직원은 모두 기독교인이었다. 기독교 콘텐츠를 만들고 있으니 어쩌면 당연한 일 같지만, 공과 사를 구분한다면 비기독교인 직원이 있을 수도 있는 일이었다. 어쨌든 이들은 첫날부터 나를 '목사님'으로 불렀다. 그리고 그 호칭에 따른 대우도 해 주었다. 사원으로 불리기를 원했으면서도 사실 목사라는 호칭이 편했다. 어쩌면 당연하게 누려 온 대우 때문이 아니었을까.

내 자리는 회사 고객을 전화로 응대하는 직원 옆이었다. 첫날이라 업무를 파악하고 있는데, 이 직원의 목소리가 계속 들려왔다. "네, 고객님. 그러셨어요? 불편을 드려 정말 죄송합니다. 주소를 알려 주시면 다시 보내 드리겠습니다", "네, 고객님. 불편을 드려 정말 죄송합니다. 하지만 저희도 회사 정책이 있어서요. 그건 불가능합니다, 고객님." 수십 통의 전화를 하루 종일 받던 그가 마침내 전화기를 책상에 내리꽂았다. 그리고 분노의 외침을 하늘 높이 뽑아냈다. 뒤에 있는 직원은 송장을 정리하고 있었고, 그 옆에 있는 직원은 디자인 작업을 하고 있었으며, 그 옆에서는 3D 애니메이션을 만들고 있었다. 그리고 바로 옆자리에 내가 앉아 있었다.

조용히 일어나 팀장 목사님께 가서는 방금 일어난 일을 조목조목 설명했다. 그리고 그 끝에 내 본심을 붙였다. "목사인 제가 옆에 있는데도…." 지금 생각하면 손발이 오그라든다. 그런 말을 아무렇지도 않게 한 것을 보면, 당시 내 무의식 깊은 곳에는 목사 특권의식이 활활 타오르고 있었던 것 같다.

(목사 앞에서 감히 교회 청년이 감정을 표출하다니! 여기가 아무리 회사라지만 나는 목사 아닌가!)

팀장 목사님이 얼마나 어이가 없었겠나. 그래도 짧고 굵게 내 말에 응답해 줬다. "목사님, 저 직원이 얼마나 힘들면 저러겠어요." 순간 얼굴이 뻘게지는 게 느껴졌다. 목사답지 못한 목사가 목사의 직위를 운운하는 꼴이었다. 목사의 직책은 상실한 채 직위만 지키려 하는 안타까운 사람이 바로 나였다.

그날 이후로 그 직원의 업무를 공감하려고 무던히 노력했다. 전화기를 내리꽂을 때, "왜 그래요? 무슨 일이에요?"라고 물었다. 그의 하소연을 듣고 있으면 충분히 그럴 만했다는 생각이 들었다. "목사님, 교회 다니는 사람들이 더 해요. 공짜로 달라고 해서 안 된다고 하면 얼마나 화를 내는지 몰라요. 자기 교회 청년들에게도 그럴까요?" 맞다. 내가 교회에서 만난 수많은 청년들이 이렇게 일하고 있었다. 그들의 힘들고 어려웠을 삶의 자리가 그려졌다. 나는 그들에게 뭐라고 했었나. 하나님의 사랑과 놀라운 은혜를 이야기하지 않았나. 그러면서 나는 내 옆에 있는 동료에게, 아니 교회 청년에게도 내가 말한 대로 행하는 사람이 아니었다. 몹시 부끄러웠다.

그 직원이 화장실에 가거나 월차로 자리를 비울 때, 나도 종종 전화를 받는다. 수차례 전화를 받아 보니 동일하게 전화기를 내리꽂는 내 모습을 발견할 수 있었다. 그가 얼마나 잘 참았는지, 얼마나 수고하고 애쓰고 있는지 이해할 수 있었다. 여러 번 전화 응대를 하면서 내게 요령 하나가 생겼다. "안녕하세요. 히즈쇼 전인철 목사입니다"라며 전화를 받는 것이다. 그러면 조금 낫다. 목사라고 말하면, 한결 부드럽게 대화할 수 있다. 이 또한 목사 특권의식을 이용한 행동인 것을 물론 알고 있다. 그럼에도 스트레스를 덜 받기 위해 나는 비겁한 무기를 사용하고 있다. 이런 무기도 없이 자신이 맡은 일에 묵묵히 충성했을 교회 청년, 내 직장 동료가 존경스럽고 또 자랑스럽다.

서비스센터에 전화하면 "지금 통화하시는 상담원은 누군가의 소중한 가족입니다"라는 메시지를 심심치 않게 들을 수 있다. 조금 변형하여 다시 적어 본다. "지금 통화하시는 상담원은 여러분 교회의 소중한 청년일 수 있습니다." 비단 상담원뿐이겠나. 경비원, 환경미화원, 택배기사, 음식점 종업원… 그들도 그들의 교회에서 사랑받는 형제요, 자매다.

교육전도사 시절, 직장 생활을 수십 년간 하신 부장 선생님이 내게 이런 말씀을 하셨다. "전도사님, 교역자 분들도 직장 생활을 1~2년 해 보시면 좋겠어요. 아! 아! 오해는 마세요. 그냥 저희를 좀 더 이해해 주셨으면 해서 하는 말입니다." 그때는 그 말이 조금 섭섭했다. 그러나 이제는 왜 그런 말씀을 하셨는지 이해가 간다.

인형 탈은 창피하지 않았다

히즈쇼는 어린이날에 신학교를 임대해서 어린이를 위한 축제를 열고, 방학마다 기독교 어린이 뮤지컬을 진행한다. 무료로 진행하는 때도 있고, 시중 가격의 반에 반도 안 되는 입장료를 받는 때도 있다. 내가 알기로 꽤 많은 손해를 보았다. 애초에 수익을 고려하지 않은 행사였다. 최근에는 회사가 가진 콘텐츠를 선교지의 언어로 번역하기 위해 현지 단체들과 협약을 맺고 있다. 이 또한 돈을 벌기 위한 일이 아니다. 더 많은 아이들이 복음을 들을 수 있도록 기획한 '미련한' 일들 중 하나다. 히즈쇼 대표는 가끔 이런 이야기를 한다. "이건 히즈쇼의 십일조입니다." 100% 적자가 날 것을 알면서도 복음의 사각지대에 있는 아이들을 생각하는 회사. 일 년에 한두 번, 히즈쇼는 비영리단체처럼 움직인다. 나는 이 회사가 좋다.

회사는 이윤을 추구하는 것이 마땅하다. 그래야 직원들에게 월급을 주고, 다음 사업도 기획할 수 있다. 많은 사람들이 히즈쇼를 선교 단체로 생각한다. 기독교 콘텐츠를 다룬다는 점과 앞서 말한 행사들 때문에 생긴 오해인데, 분명히 말하지만 히즈쇼는 주식회사다. 누군가의 후원과 지원으로 운영된 적이 없다. 지난 10여 년 동안 특정 교회의 후원으로 운영된 적이 없다는 이야기다. 디자인하고, 영상 만들고, 교재를 개발해서 생기는 수입으로 다시 교회와 아이들을 만났다.

엄밀히 따지면, 나는 히즈쇼에 오기 전까지 이처럼 치열하게 살아 본 적이 없다. 내게는 늘 마이크가 주어졌고, 특별히 노력하지 않아도 수십, 수백 명의 사람들이 내 말에 귀를 기울였다. 권위가 있었고 존중을 받았다. 그러나 직장 생활은 달랐다. 우리 제품을 소개할 기회를 간절히 구해야 했고, 권위가 무너지는 것은 한순간이었으며, 존중은 내가 타인에게 해야 하는 것이었다. 교회에서의 설교 시간 30분이 당연하게 주어졌다면, 물건을 팔기 위해 누군가의 30분을 얻어 내는 일은 하늘의 별 따기였다. 나는 그 별을 따기 위해 할 수 있는 일에 최선을 다했다. 이제와 고백하자면, 처음에는 그 일이 창피했다.

 지금이야 히즈쇼가 유명해졌지만, 코로나 이전까지는 히즈쇼라고 하면 "키즈쇼요?"라고 되묻는 이들이 많았다. 교단이 어딘지, 이상한 단체는 아닌지 묻는 이들에게 일일이 설명해야 했다. 무명한 단체가 겪어야 하는 숙명이다. 가만히 앉아 있어서는 사람들이 찾아오지 않아서 찾아갔다. 가장 보편적인 방법은 교통이 좋은 교회를 빌려 주요 소비자인 교회 교육 담당자들을 초대하는 것이다. 입사 후 꽤 많은 설명회 자리를 만들고 진행했다. 보통 저녁 7시에 설명회가 있으면, 회사 SUV 차량에 노트북, 프로젝터, 교재, 안내 책자, 필기도구, 공과교재로 만든 시연 제품, 현수막과 배너 등을 바리바리 싣고는 네다섯 시간 전에 설명회 장소로 이동한다. 도착하면 빠르게 세팅을 하고, 참석하는 교역자들을 맞이한다. 음료를 나눠주고, 교재와 안내 책자를 건네며 콘텐츠의 우수성과 특장점을 차근차근 설명한다. 폼 나는 일은 아니었다.
 하루는 동기 목사가 사역하는 교회에서 설명회를 진행했다. 다행히 동기 목사는 퇴근한 이후였다. 나는 공과 박스를 낑낑대며 날라 강의 장소와 가장 가까운 곳에 가지런히 배열해 놓았다. 사전에 약속된 일이었다. 그런데 전도사님 한 분이 다가와서는 박스를 발로 툭툭 치며 말했다.

"아저씨, 이걸 여기 두시면 어떻게 합니까? 여기 말고 저 건너편에 두세요."

작업복을 입고 온 탓에 나는 내가 봐도 그냥 '아저씨'였다.

"아, 안녕하세요. 여기 목사님과 사전에 이야기가 된 부분입니다. 이곳에 두어도 된다고 하셨어요."

그는 뒤도 돌아보지 않고 말했다. "안 됩니다! 저는 분명히 말했습니다! 옮기세요!" 나는 핸드폰을 매만지며 생각했다. '내 동기 목사가 이 교회 부목사다. 이 박스 다 나르고 전화해서 너를 가만두지 않을 거야.' 씩씩거리며 무거운 박스들을 다 옮기고 난 후, 나는 전화하지 않았다. 전화하는 것이 도리어 창피한 일이었다.

설명회를 마친 후 짐을 정리해서 대차에 싣고 주차장으로 향했다. 그날은 사정상 교회 주차장이 아닌 멀리 떨어진 공영주차장에 차를 대야 했다. 찬바람을 맞으며 대차를 끌고 백여 미터쯤 이동했을까. 한 번에 이동하고 싶은 마음에 짐을 무리하게 실은 탓인지 바닥 홈에 대차 바퀴가 걸렸다. 내 키보다 높게 쌓았던 짐들이 바닥에 와르르 쏟아졌다. 마침 그곳은 여대 앞이었다. 여대생들이 쏟아진 물건들을 피해 지나갔고, 나는 그들의 눈길을 애써 외면한 채 떨어진 짐들을 하나씩 주워 담았다. 창피하고 서러웠다.

회사에서 일하며 설교 예화에 나올 법한 일들을 많이 겪었다. 인형 탈을 쓰고 아이들 앞에서 재롱도 부려 봤고, 무거운 짐을 밤새 나르고 새벽이 다 되어서 집에 들어간 날들도 있었다. 사실 그런 것은 다 괜찮다. 정말 괴로웠던 것은 같은 직종에 있는 이들, 목사와 전도사들 앞에서 체면이 깎이는 일이었다. 전국에 있는 신학교를 돌며 히즈쇼에서 만든 커리큘럼을 소개하고 일대일 상담을 하다 보면 종종 지인(특히 내가 목사일 때 전도사였던 이들)을 만난다.

"목사님, 이런 일까지 하세요?"

그들도 민망해서 꺼낸 말이었겠지만, 1~2년 차에는 그 말에 어떻게 대응해야 할지 몰랐다. 당황한 기색을 감출 수 없어 당장 도망이라도 치고 싶었다. 그런데 나도 체급이 올랐는지 이젠 아무렇지 않게 웃으며 답한다.

"뭐 이런 일도 하고, 저런 일도 합니다."

어느덧 회사에서 일한 지 8년이 되었다. 이제는 그저교회 담임목사라는 호칭만큼 주식회사 히즈쇼 직원이라는 호칭이 자랑스럽다. 히즈쇼가 많이 성장했기 때문이기도 하지만, 그곳에서 흘리는 땀이 내게 가치와 의미가 되었기 때문이다. 내겐 여전히 좋은 강의가 진행 중이다. 모두 그렇게 살고 있다고, 우리 교회 김 집사님도, 오 집사님도 그렇게 땀 흘려서 가정을 책임지고 있다고, 그렇게 자신만의 하나님 나라를 영위하고 있다고. 그러니 세상에 부끄러운 일은 없다고. 언제까지 회사에서 일하는 목회자로 살지 모르겠지만, 하나님이 허락하신 이 강의, 재밌게 잘 수강하고 있다.

교회가 직장이 아닌 사람들

2013년에 목사 안수를 받고 그다음 해에 신혼교구를 맡았다. 300여 명의 신혼 가정과 굉장히 의욕적으로 교구 활동을 했다. 매년 여름, 전라남도에 있는 시골 교회로 국내선교를 갔는데, 대부분 영유아 아이들을 키우고 있어서 이유식을 위한 전자레인지까지 차에 싣고 떠났다. 가정별로 방이 제공될 수 없는 숙박 환경이었던지라 교회 교육관에서 다 함께 잤다. 자다가 한 아이가 울면 곧이어 다른 아이가 울고, 또 다른 아이가 울고… 결국 모두가 잠을 자지 못했다. 그리고 퀭한 얼굴로 아침을 맞았다. 그렇게 일주일을 보내며 동네 어르신들을 위해

안마, 도배, 청소, 마을 잔치 등을 해 드리고 복음도 전했다. 불편하고 고단했지만, 모두의 얼굴에 세상이 줄 수 없는 기쁨이 깃들어 있었다.

그런 기쁨에도 불구하고 선교 신청 기간에는 많은 가정이 고민을 했다. 당시 나는 구역장들과 함께 한 가정 한 가정을 설득하며 참석을 권했는데, 어느 주일 오후 한 구역장이 와서 이렇게 말했다.

"목사님, 저 솔직히 이번 여름 국내선교에 가고 싶지 않아요. 올해 남편이 해외출장을 얼마나 많이 다녔는지 목사님도 아시잖아요. 올해는 가족 여행을 가면 안 될까요? 국내선교에 휴가를 다 쓰면 올해 휴가는 없단 말이에요."

나는 국내선교를 가야 하는 이유를 장황하게 늘어놓았다. 그분은 내 말을 다 듣고 나서 한마디를 던지고 가셨다.

"네, 알아요. 목사님, 저도 아는데 그냥 이야기해 본 거예요. 그런데 목사님은 선교 다 마치면 따로 교회에서 주는 휴가가 있잖아요…."

살짝 웃으며 말꼬리를 흐리는 그분의 투정에 나는 아무 말도 하지 못했다. 나에게 교회는 직장이지만, 그분들에게 교회는 직장 외에 추가적으로 헌신해야 하는 곳이었다. 그 사실을 그때는 깊이 생각하지 못했다.

    나도 그분들도 하나님을 사랑하는 마음 때문에 이 귀한 일을 시작했다. 그러나 포기해야 하는 일상의 기회비용은 그분들이 훨씬 컸다. 그해, 나는 국내선교를 마치고 가족들과 여행을 떠났지만 그들은 피곤한 육신을 다 회복하지도 못한 채 직장과 육아의 현장으로 돌아갔다. 10년도 넘은 이야기다. 당시 나는 성도들의 삶의 자리를 잘 이해하고 있는 목사라고 생각했는데, 과연 몇 퍼센트나 이해했을까?

    현재 회사에서 함께 일하는 동료들은 내가 10년 전 신혼교구에서 만난 이들과 얼추 나이가 비슷하다. 이들이 어느 교회에서 어떻게 신앙생활을 하고 있는지 나는 잘 모른다. 하지만 회사에서 어떤 생활을 하고 있는지는 잘 알고 있다. 회사에는 여러 명의 디자이너와 영상 편집자가 있는데, 이들은 대부분 자신들이 출석하는 교회에서 디자인과 영상 작업을 전담하고 있다. 가끔 그들이 만든 단기선교 포스터나 전도축제 영상 등을 보게 된다. 목사가 이런 말하기 뭐하지만 매번 마음이 짠하다. 주중에 45시간 이상 디자인과 영상 작업을 하는 친구들이 주말에도 교회 일을 한다고 또 디자인과 영상 프로그램을 켜고 있는 것이다. 물론 그들은 자신이 가진 재능으로 하나님과 교회를 기쁘게 섬기는 중이다.

개척을 하기 전의 나는 이들에게 이런 일을 부탁하는 것을 당연하게 여겼다. 쉽게 부탁했고 가볍게 결과물을 받았다. 하지만 요즘에는 농담을 섞어 이렇게 말한다. "포스터 하나 의뢰하려면 십만 원은 줘야 하는데, 그거 교회 목사님들이 알려나 몰라요." 그러면 대부분 피식 웃는다. 맞다. 섬김에 값을 매기는 것 자체가 얼마나 우둔한 일인가! 그러나 이 말을 꼭 들었으면 하는 사람이 있다. 바로 나다. 목회를 하는 내내 나는 교인들의 일상을 헤아리는 지혜가 필요하다는 것을 몰라도 너무 몰랐다.

어쩌다 시작한 직장 생활 덕분에 교인들의 삶의 자리를 자의반 타의반으로 관찰하고 있다. 저녁도 못 먹고 녹초가 되어 퇴근하는 이들이 수요일 저녁(혹은 금요일 저녁) 교회로 그 발걸음을 옮기는 데는 엄청난 결단이 필요하다는 것을 뒤늦게 알게 됐다. 하나님께 기도하기 위해 집에서 누릴 수 있는 따뜻한 밥과 안락한 소파를 포기한 것은 당연한 일이 아니었다. 주거를 위한 대출금 이자와 원금을 상환하고 아이들 교육비를 지출하고 나면 남는 생활비가 별로 없다. 그럼에도 하나님의 것을 가장 먼저 구별하기 위해 매달 지출을 고민하는 것은 당연한 일이 아니었다. 즐길 것과 누릴 것이 넘쳐 나는 세상에서 매주 교회 봉사로 나의 여가 시간을 줄이고, 연차를 끌어다가 교회가 필요로 하는 자리에 능동적으로 참여하는 것 역시 당연한 일이 아니었다. 내가 당연하다고 여긴 일들은 하나님을 사랑하는 마음으로 행하는 헌신이었다.

가수 이적이 부른 노래, '당연한 것들'에는 다음과 같은 가사가 나온다. '우리가 살아왔던 평범한 나날들이 다 얼마나 소중한지 알아버렸죠.' 생계를 위해 어쩔 수 없이 시작한 직장 생활이 '당연한 것들'을 바라보는 새로운 시선을 선물해 주었다. 나는 여전히 교인들에게 하나님께 넘치게 헌신하자고 권하고 있다. 그러나 그 헌신이, 교인들이 삶의 터전 위에 쌓아올린 소중한 것들임을 먼저 내가 기억하고 겸손히 권하려고 한다.

누구 탓인가에서 누구의 몫인가로

개척을 한 2018년에는 이중직 목회자라는 것을 떳떳하게 말하지 못했다. 목회에 집중하지 않는다고 혼날 것 같은 분위기였기 때문이다. 그런데 7년이 지나는 동안 상황이 많이 바뀌었다. 내가 속한 대한예수교장로회 통합 측에는 총회 차원에서 자비량목회연구위원회가 만들어졌다. 스스로 생계(의 일부)를 해결하는 목회자가 많아짐에 따른 변화다.

최근에 담임으로 청빙받아 간 목사가 야간에 물류센터에서 일한다는 이야기를 들었다. 그는 교회에서 주는 생계비로는 말 그대로 의식주만 간신히 해결할 수 있다고 했다. 그렇다고 자녀들에게 친구들은 다 다니는 학원을 다니지 말라고 할 수도 없는 노릇이었다. 청빙을 받아 목회지가 확정된 목사도 이런데, 개척을 하거나 사정이 어려운 교회의 목회자는 어떻겠나. 교세가 줄고 교회 재정도 줄면서, 교회가 목회자의 생계를 책임질 수 있는 능력을 잃어 가고 있다. 자비량. 보수적인 교계에서도 이제는 인정하지 않을 수 없는 분위기가 되었다.

일하는 목사로 살다 보니 나와 사정이 비슷한 사람들의 이야기를 종종 듣게 된다. 한두 명을 만날 때는 몰랐는데, 점차 그 수가 많아지면서 어느 정도 평균값을 알게 되었다. 바울처럼 일과 목회 두 가지를 넉넉히 감당할 수 있는 목회자는 많지 않다. 이중직 목회자 중 다수가 목회와 일 중 한쪽을 선택했다. 당연한 결과다. 한 사람에게 주어진 물리적인 시간과 체력은 한정적이기 때문이다.

나도 두 일의 병행이 어려우리라는 것을 예상했다. 그런데 실제로 해 보니 예상한 것보다 더 힘들었다. 일자리를 찾는 것부터 그랬다. 내가 하려는 일에는 반드시 경쟁자가 존재했다. 바리스타나 목수가 된다고 가정했을 때, 20, 30대에 시작해서 이미 시행착오를 겪고 노하우가 쌓일 대로 쌓인 사람이 수두룩하다. 게다가 그들은 하루 종일 그 일만 생각하는 사람들이다. 그러나 목회자는 현실적으로 그럴 수가 없다. 그러니 일터에서 비슷한 결과물을 내지 못하는 게 당연하고, 이는 시간이 흐를수록 격차가 더 커질 수 있다는 말이기도 하다. "에이, 무슨 말이세요. 제가 아는 목사님은 마을 도서관을 운영하면서 목회도 잘하고 계세요. 또 어느 목사님은 카페를 하면서 목회를 잘하고 계시고요." 물론 두 가지를 훌륭하게 해내는 사람들이 있다. 대안학교와 목회를 병행하고, 목공소와 목회를 병행하며 균형을 잃지 않는 이들이 있다. 그런데 나는 그들의 이야기를 일반화하는 것에 반대한다. 그보다 훨씬 더 많은 목사들이 도서관과 서점, 카페와 목공소를 운영하다가 결국 목회와 일터 중 하나를 선택한다.

교계의 기준으로, 나는 나름 일찍 이중직 길에 들어섰다. 현재 한국 기독교 상황을 보았을 때, 대형교회나 다수의 후원 없이 개척의 길을 계속 이어 가는 일은 불가능해 보였기 때문이다. 남들 눈에는 의기양양해 보였을지 모르지만, 목회와 일의 병행은 녹록지 않았다. 마음속에서 불만이 싹텄고, 원망의 화살을 어디론가 쏘아야 했다. 집안이 힘들 때 부모를 원망하는 철없는 아이처럼, 나는 선배 목회자들을 원망했다. '후배들의 길이 준비되어 있지 않다는 걸 알고 있지 않았을까?' 대안을 마련했어야 한다는 말은 아니다. 그래도 좀 더 공식적인 자리에서 다음세대 목회자들의 앞날에 대해 고민해 줄 수는 없었을까? 개척 지원이나 교회의 신뢰도 회복을 위한 장기적인 계획 같은, 뭐 그런 식의 주제를 화두로 던지고 진지하게 고민을 이어 가지 않았던 것에 섭섭했다. 그러나 이 또한 나의 어쭙잖은 생각이라는 것을 안다. 그들도 결국 한 시대를 살아가는, 같이 분투 중인 고민의 당사자였다.

이중직 목회자가 늘어나고 있는 현 상황에서, 누군가를 탓하려는 것은 사실 어리석은 생각이다. 다만 해결의 주체를 찾아 그들을 독려하는 일은 해야 한다. 나는 그 해결의 주체를 '교회'로 본다. 더 명확히 이야기하자면 '성도'. 성도들의 의식이 바뀌어야 한다. 목회자를 바라보는 성도의 시선이 바뀔 때, 비로소 생계를 위한 이중직 목회의 해결 담론이 시작될 수 있다.

전통적으로 교회는 목회자들의 교회였다. 목회자 개인의 역량과 노력에 따라 성장 여부가 결정되었다는 점에서 그렇다. 그러다 보니 목회자를 존경 이상의 대상으로 추대하기도 하고, 실적 평가의 대상으로 여기기도 했다. 그러나 과연 이것이 성경적일까. 나는 교회는 성도의 교회가 되어야 한다고 굳게 믿고 있다. 목회자는 단지 그들 무리의 리더다. 동일하게 하나님을 신뢰하며 믿음의 삶을 살아가는 이들 중에 한 명일 뿐이다.

목회자를 청빙하는 것은 교회다. 최종 결정권자 몇 명이 아니라 교인 모두가 목회자를 청빙하는 것이다. 목회자의 생계를 교회가 책임질 테니 교회 공적인 업무를 대신 맡아 달라고 부탁하는 것이 청빙이다. 따라서 함께 책임지려는 마음을 가져야 한다. 교회가 도무지 역량이 안 되어 목회자가 스스로 생계를 책임져야 한다면, 당연히 이중직 목회자가 될 수도 있다. 이때, 책임감을 가진 교인은 이중직 목회자에게 왜 심방을 하지 않느냐고 불만을 표하지 않을 것이다. 시간의 여유가 있다면 오히려 교인이 먼저 분주한 목회자의 안부를 물을 수도 있다. 최선의 길을 함께 모색하는 교인들이 있을 때, 이중직이든 자비량이든 무슨 문제가 되겠는가.

아무리 목회하기 어렵고 기독교 인구가 줄어 가는 때라 해도 함께 고민하고 한마음으로 답을 찾아가는 교인들이 있다면, 그 교회와 교회의 목회자는 기쁨으로 그 길을 걸을 수 있다고 생각한다.

개척 7년을 지나며 누구 탓인가에서 누구의 몫인가로 관점을 전환했다. 목회자의 이중직 혹은 자비량 문제는 함께 교회 된 신자들이 나누어야 할 과제다.

이중직을 추천하지 않습니다만

종종 듣는 질문이 있다. "교인이 늘고 교회가 목사님 생계를 책임지겠다고 하면, 회사 일은 그만두실 건가요?"

깊이 고민해 보지는 않았지만 쉽게 결정하지 못할 것 같다. 일하면서 얻는 것이 많기 때문이다. 근무 일수를 조정해서 주 2일로 회사 일을 줄일 수도 있다. 회사가 용납할지 모르겠으나, 주 1일 혹은 프리랜서로 계약을 할 수도 있다. 내가 이토록 회사 일에 미련을 갖는 것은 회사 일이 목회에 미치는 긍정적인 힘이 크기 때문이다.

지난 7년간 회사에서 만든 교회학교 콘텐츠를 그저교회

아이들의 교육 교재로 사용했다. 교회학교 운영을 위해 필요한 프로그램도 큰 고민과 시행착오 없이 도입할 수 있었다. 맞다. 주중에 하고 있는 일이 주말에 그대로 연동된다. 현재는 장년들을 위한 프로그램도 개발 중이다. 목회에 필요한 다양한 콘텐츠를 직접 개발하고, 또 개발한 콘텐츠를 교회에 바로 도입할 수 있다는 것은 어마어마한 이점이다. 그뿐만 아니라 회사에서는 데이터를 토대로 한국교회의 흐름과 방향을 매주 분석한다. 일일이 다 말할 수는 없지만, 전국의 수천 교회를 대상으로 한 설문자료와 결과를 가지고 있다. 덕분에, 단순히 한국교회를 한탄하는 것을 넘어 무엇을 위해 기도하고 어디에 힘을 쏟아야 할지 분석하는 힘이 생겼다. 회사가 매주 내게 공급하는 보너스다.

처음 입사했을 때 직원 중 한 명이 내게 말했다. "목사님, HDMI 라인 하나 가져다주시겠어요?" 나는 아주 당당하게 답했다. "그게 뭔가요?" 당시 나는 컴퓨터에 꽂는 기본적인 라인 하나도 잘 몰랐다. 그런데 몇 개월 만에 큰 발전을 이뤘다. 코로나가 터지고 교회학교 아이들이 현장에 모이지 못하게 되었을 때, 회사는 그 어느 단체나 교회보다 먼저 온라인 예배 영상을 만들어 무료로 배포했다. 그리고 현장 예배가 완전히 중단되었을 때, 전국 교회학교들이 온라인 예배를 제작할 수 있도록 돕는 교육영상을 제작했다. 곁에서 보고 배우며 당장 기술의 진보를 이룬 것도 좋았지만 새로운 것을 두려워하지 않고 도전해 보는 근력이 생긴 것이 더욱 만족스러웠다.

지난 2~3년간은 회사 업무에 여러 가지 AI 프로그램이 도입되었다. AI 프로그램은 교회 목회에도 큰 도움을 준다. 흔히 이야기하는 설교를 대신 써 주는 정도가 아니다. 목회 행정에 있어서는 교역자 한두 명을 더 청빙한 것 같다. 확실히 회사를 다니면서 누리는 유익에는 생계비보다 더 큰 것이 있다.

현재 직장의 근무 형태도 이야기해야겠다. 코로나 이후로 회사 문화에 큰 변화가 생겼는데, 전 직원이 재택근무 및 자율근무를 하게 된 것이다. 팀별 회의 시간을 제외하고는 주당 근무 시간표를 탄력적으로 조정할 수 있다. 그리고 사정에 따라 집이나 교회, 심지어 해외에 나가서 근무를 해도 된다. 회사는 아예 제주도에 집을 하나 렌트해 놨다. 직원들은 제주에서 워케이션(worcation)을 누릴 수 있다. 일본으로 한 달 살기를 떠난 직원도 있다. 회사 대표의 역량 덕분이겠지만, 회사는 코로나 이전보다 잘 돌아가고 있다.

덕분에 나도 목사와 회사원이라는 두 가지 역할을 보다 수월하게 감당하고 있다. 어떤 날은 교회에서 회사 업무를 하다가 퇴근 시간이 되면 바로 교인들과의 만남을 이어 간다. 교회 대표로 참석해야 하는 시찰회, 노회, 지역교회연합회 회의도 참석할 수 있다. 내가 조금 더 부지런히 움직이며 회사 업무 시간과 장소를 조정하면 된다. 시간과 공간 때문에 어쩔 수 없이 하나를 포기해야 하는 한계는 충분히 넘어갈 수 있는 환경이다. 그럼에도 목회만 하는 이들보다 다른 곳에 에너지를 많이 쓰고 있는 것은 분명한 사실이다.

냉정하게 말하면 나는 매우 '운'이 좋았다. 만약 회사에서 재택근무와 자율근무제를 도입되지 않았다면, 계속 직장 생활을 할 수 있었을까? 개척했을 때보다, 또 처음 입사했을 때보다 해야 할 업무의 무게가 훨씬 더 무거워진 상황에서, 단순히 물리적인 시간과 한 인간의 체력을 고려했을 때, 두 가지를 성실하게 병행할 수 있었을까? 아무리 생각해도 무리다. 앞에서도 말했듯이 개척할 당시 주변 많은 사람들이 일과 목회의 병행은 정말 고될 거라고 이야기했다. 돌려서 말한 거지 사실상은 하지 말라는 조언이었다. 해 보니 어느 정도 개인적인 의견이 정리되었다. 회사생활이, 또 다른 형태의 이중직이, 많은 것을 배우고 또 얻는 계기가 될 것이다. 그러나 장기적으로 목회와 일을 병행하기 위해서는 약간의 '운' 혹은 의도적인 장치가 필요하다.

냉정하고 객관적으로 말해서, 두 가지 모두에 완벽할 수는 없다. 과연 그렇게 해내는 사람이 있을까? 그런 이중직 목회라면 몸과 마음이 상하지 않을까? 이중직을 건강하게 유지하기 위해서는 용납과 조정이 필요하다. 주중에 일을 하는 목사를 용납해 주는 공동체, 주말에 목회를 하기 위해 일을 조정하는 목사, 양쪽 모두에 지혜와 은혜가 필요하다. 정말 쉽지 않은 일이다.

출산율은 줄고, 탈종교화 현상은 가속화되고 있다. 선배 목사님들이 말했던 '목회하기 힘든 시기'가 도래한 것이다. 데이터상으로 보자면, 목회만으로 생계를 유지할 수 있는 목회자는 갈수록 줄어들고 있다. 그래도 어쩌겠나. 하나님이 부르시는데 할 일을 해야 하지 않겠나. 그래서 일도 하고, 목회도 하는 것이 아니겠나.

선택은 각자 다를 수 있다. 누구는 이런저런 상황 속에서도 목회만 전념할 것이고, 또 다른 누구는 목회와 일을 병행하며 새로운 길을 모색할 수도 있다. 나는 후자를 선택해서 그 길을 걷고 있지만, 이 길을 무작정 추천하지는 않는다. 정말 이 길을 걷겠다면, 잘 따져 보고, 때로는 덜어내고, 조금은 포기하면서, 목회와 일의 균형을 맞췄으면 한다. 행복하고 건강하게 오래 걸어야 하나님도 기뻐하시지 않겠나.

내가 누구인지

이중직에는 다양한 경우가 있고, 경우에 따른 차이가 존재한다. 같은 이중직 목회자라고 해도 교회의 최종 결정권자인 담임 목회자는 주말에 파트로 교회 사역을 하는 사람보다 신경 써야 할 책무가 많다. 또 생계 때문에 어쩔 수 없이 이중직을 택한 사람과 개인의 목회 철학으로 인해 (선택적으로) 이중직에 임하고 있는 사람은 일을 대하는 마음이 다르다. 주중의 일터가 자기 사업체인 사람과 남의 사업체에서 직원으로 일하는 경우에도 차이가 있다. 아무리 내 일처럼 한다고 해도 직원은 직원일 뿐이다. 이외에도 여러 경우를 나열할 수 있겠으나 위의 경우만으로도 이중직 목회자의 삶을 일반화할 수 없다는 게 분명해진다.

나는 '생계 때문에 일을 하는 담임 목회자'다. 기독교 콘텐츠를 만들고 소개하는 회사에 종사하기 때문에 회사에서도 목사로 불리며 목회자의 능력을 요구받는다. 내가 목사인 것은 회사와 소비자에게 신뢰를 준다. 따라서 일반 직장에 다니는 이중직 목회자들보다는 순한 맛이라고 할 수 있겠다. 그럼에도 나 역시 정체성의 혼란을 겪을 때가 종종 있다.

우리 집 아래층에는 점잖은 노부부가 사신다. 유치원생 남자아이를 키우는 입장에서 내가 얼마나 노심초사했겠나. 아니나 다를까, 엘리베이터에서 한마디를 하셨다.

"그 집에 아이가 많나 봐요?"

"아… 한 명입니다."

층간 소음에 고생하셨을 두 분을 생각하니 죄송했다. 엘리베이터에서 뵐 때마다 할머님의 민원을 들어야 했다. 집 안에 매트를 더 깔고 아이에게 뛰지 말라고 당부하기도 했지만, 역부족이었다. 그런데 어느 날 할머님이 내게 물으셨다. "혹시 예수님 믿으세요?" 전도를 하려고 하신 것이다. "네, 믿습니다." 그리고 빤히 바라보시는 할머님께 한마디를 덧붙였다.

"목 목사입니다."

그날 이후, 아이에 대한 민원이 사라졌다. 할머님은 내게 극존칭을 쓰셨고, 내가 섬기는 교회에 관해 방대한 질문을 퍼부으셨다. 이름이 뭔지, 어디에 있는지, 성도는 몇 명인지, 힘들지는 않은지…. 그런데 월요일에도 꼬박꼬박 출근하면서 목사답지 않은 주중 스케줄을 감당하는 내가 이상하셨던 모양이다.

"목사님, 무슨 일을 하세요?"

구구절절 말씀을 드리고 싶었지만 그럴 수가 없었다. 이중직 목회자인데, 월, 화, 목요일은 회사에 출근하고 있다는 사실을 '은혜롭게(?)' 설명할 재주가 없었다. 설명한다고 한들 할머니 권사님이 이해해 주실 거란 확신도 서지 않았다. 대충 얼버무리고 넘어가는 것이 상책이었다.

아들 친구 엄마들 사이에서도 나는 미지의 인물이다. 이안이 아빠가 직장에 다닌다고 하는 사람도 있고, 목회를 한다고 말하는 사람도 있다. 코로나 때부터 재택근무를 한지라 가뜩이나 동네에 자주 돌아다니는 남자인데, 도대체 무얼 하는 사람인지 알 수가 없었을 것이다. 아내에게 직접 내 직업을 물어보는 사람은 없었지만, 혹 나중에 물어보면 아내도 나처럼 얼버무리고 넘어가지 않을까 싶다. 창피하거나 회피하고 싶어서가 아니다. 설명을 해도 이해받지 못할 것 같아서다.

이제는 월요일에 출근하는 것이 너무나도 자연스럽다. 월요일은 확실히 더 피곤하지만, 교통 때문에 다른 날보다 더 서둘러 준비해야 한다는 것도 알고 있다(재택이어도 회사에 가는 날이 종종 있다). 근로자의 날에 당당하게 쉬고, 4대 보험에 가입되어 있으며, 회사를 위해서 인형 탈쯤은 신학교 한복판에서도 쓰고 벗을 수 있는 낯 두꺼운 사람이 되었다. 하지만 내 삶의 모습이 변했다 해도 내 안에 변하지 않는 분명한 신념이 있다. "나는 목회를 위해, 목사직을 더 잘 감당하기 위해 직장에서 '경건하게' 일하고 있는 이중직 목회자"라는 것이다.

100여 명의 목회자가 모이는 노회에 참석해 있으면 내 모습이 낯설게 느껴질 때가 있다. 다른 목회자들에겐 공유되고 있는 고귀한 빛깔을 잃을 것 같은 느낌, 말 한마디, 행동 하나 잘못했다간 이 그룹에서 이탈되고 말 것 같은 느낌을 받을 때가 있다. 코끼리 코를 빙빙 돌고 나서 세상이 돈다고 느끼는 것처럼, 나 혼자의 느낌일 것이다. 그런데 그 어지럼은 매우 짧은 기간 안에 다시 또 나를 찾아온다. 일반적으로 이해되는 목사가 아닌 이중직 목사라는 사실이 어지럼을 유발한다. 그래서 더욱, 타인에게는 얼버무리더라도 스스로에게는 매일 명확히 설명해야 한다. '나는 일하고 있다. 목회를 위해 일을 하고 있다.'

책을 쓰는 것도 일면은 이런 마음에서다. 내가 누구인지, 내가 왜 이 길을 가고 있는지, 스스로를 설득하고 안심시키고, 내 등을 밀어 주는 것. 주제넘지만 나와 같이 현기증을 느끼는 이들에게 이렇게 말해 주고 싶다. "우리는 충분히 잘하고 있습니다. 내일 또 일하고, 또 목회합시다."

에 필 로 그 **망하는 일은 있을 수 없다**

"망하면 어떻게 할 계획이세요?"

간혹 직설적으로 물어 오는 분들이 있다. 섭섭하거나 기분 나쁘지 않다. 무슨 의미인지 알기 때문이다. 죽음을 생각하는 사람이 가치 있게 살아갈 수 있는 것처럼, 문 닫는 순간을 생각하는 목회자가 건강한 목회를 지향할 수 있다.

2019년 한 기독교 언론사에서 4년이라는 짧은 기간 존재했던 한 교회에 대한 기사를 보았다. '청년이행복한교회'. 이 교회는 문을 닫으며 『청년이행복한교회 청산 백서』를 출간했다. 수소문해서 한 부를 얻었다. 200페이지에 가까운 책에는 교회가 지나온 길이 빼곡하게 적혀 있었다. 회의와 활동, 한계와 제언까지. 한 장 한 장 읽으며 이들의 당당함을 보았다. 성장한 교회에 관한 글은 수없이 많이 읽었지만, 문 닫는 교회의 글은 처음이었다. 이전에 느낄 수 없었던 묘한 은혜를 받았.

책 내용을 갈무리하며 그 은혜를 다음과 같이 혼자 정의했다. '이들은 하나님이 주인인 것을 인정하는 참된 교회였다.' 주인에게 받은 달란트로 성실하게 장사했고, 유무형의 값진 이윤을 남겼다. 교회 문을 닫는 것을 '실패'라고 말하는 사람들이 있지만, 그것은 지극히 사람의 관점이다. 하나님 앞에서 이들은 충성된 종이었다. 그래서 그 백서에는 하나님의 칭찬이 선명하게 드러났다.

책을 읽으며 내 안에 자리하던 막연한 두려움이 사라졌다. 교회 문을 닫는 것은 저주가 아니다. 때로는 상황과 여건이 맞지 않아 그만 걸어야 할 수도 있다. 그것보다 두려워해야 할 것은 교회를 심정적으로 사유화하는 것이 아닐까. 교회의 주인은 하나님이시고, 목회자는 청지기일 뿐이다. 청지기가 주인의 부름에 충성하는 것은 기본이다. 이때, 그 충성이 넘쳐서 주인 행세하지 않도록 주의해야 한다. 나는 그것이 중요하다고 생각한다.

기독교 인구와 출산율이 급격히 줄고 있다. 신자들이 초대형교회로 몰리는 현상도 가속화되고 있다. 지원 없이 자립하는 작은 교회가 생존하기에 그 어느 때보다 어려운 현실이다. 생각은 많지만 스트레스는 없다. 내가 책임져야 하는 것이 아니기 때문이다. 주인 되신 하나님이 하나님의 방법대로 이끌어 가시리라 믿는다. 나의 시간, 재능, 노력이 필요하다 하시면 아낌없이 부어드릴 것이다. 그러나 거기까지다. 결과는 온전히 하나님의 것이다. 그러니 문을 닫을 수는 있어도 망하는 일은 있을 수 없다.

개척한 후로 만남과 헤어짐이 반복됐지만 교인 수는 비슷하게 유지되고 있다. 앞으로는 어떨지 모르겠다. 더 많은 사람들이 함께할 수도 있고, 이런저런 이유로 헤어져야 할 수도 있다. 다만 그저교회가 걸어가는 길에 교회 간의 통합이 한 번쯤은 있기를 바란다. 시대가 시대이니 만큼 어르신들만 모이는 교회가 더 많아지지 않을까 조심스레 예측해 본다. 그저교회는 상대적으로 구성원들이 젊다. 나이가 좀 있는 분들이 교회에 오셔서 균형을 잡아 주면 좋겠다고 기도할 때도 있었다. 그런데 그게 뜻대로 되지 않았다. 언젠가 마음과 뜻이 맞는 교회를 만나 서로의 부족한 점을 채우고, 서로의 장점을 나눌 수 있는 멋진 기회가 왔으면 좋겠다. 쉽지 않은 일일 테고 정말 꿈같은 일이지만, 개교회 성장 중심의 목회를 내려놓고 연합을 통한 공동 성장 목회를 할 수 있다면, 그러면 정말 좋을 것 같다.

'망하면 어떻게 할 계획이냐'는 질문은 교회 문을 닫은 이후의 개인의 목표에 대한 물음일 것이다. 담임목사를 하지 못해도 괜찮다. 당장 지금도 그저교회의 두 번째 스테이지를 위해 새로운 리더가 필요하다면 기쁘게 부목사 역할을 감당할 용의가 있다. 내 삶의 목표는 여전히 누군가와 함께 교회가 되어 행복하게 하나님 나라를 걸어가는 것이다. 그뿐이다.

그저교회가 문을 닫게 되면, 교인들과 내가 행복하게 참여할 수 있는 또 다른 교회를 찾지 않을까, 가족 생계에 대한 고민을 하면서. 고민이야 많겠지만, 하나님 나라와 의를 구하는 자에게 하나님이 모든 것을 채우시는 경험을 이미 충분히 했다.

교회 문을 닫으면, 또 다른 교회의 문을 열 계획이다. 하나님 나라는 영원하다. 그래서 감사하다.

망하는 일은 없다

초판 1쇄 인쇄 2025년 10월 25일
초판 1쇄 발행 2025년 11월 14일

글 전인철
펴낸이 홍지애
펴낸곳 꿈꾸는인생
주소 경기도 안양시 동안구 부림로 121 901-127호
전화 070-4046-2371
팩스 02-6008-4874
이메일 lifewithdream@naver.com

ⓒ 꿈꾸는인생, 2025

ISBN 979-11-91018-32-5 (03230)

- 이 책은 저작권법에 따라 보호받는 저작물이므로 무단 전재와 무단 복제를 금합니다.
- 잘못 만들어진 책은 구입한 곳에서 바꿔 드립니다.